북즐(BookZle) 활용 시리즈 14

내 출판사
창 업
성공하기
(개정판)

14

북줄
활용 시리즈

내 출판사 창업 성공하기 (개정판)

펴 낸 날   개정판 1쇄 2019년 6월 20일

지 은 이   이시우
펴 낸 곳   투데이북스
펴 낸 이   이시우
교정·교열   이소영
편집 디자인   박정호
출판등록   2011년 3월 17일 제307-2013-64 호
주   소   서울특별시 성북구 아리랑로 19길 86, 상가동 104호
대표전화   070-7136-5700 팩 스 02-6937-1860
홈페이지   http://www.todaybooks.co.kr
페이스북   http://www.facebook.com/todaybooks
전자우편   ec114@hanmail.net

ISBN 978-89-98192-76-1 13010

© 이시우

이 도서의 국립중앙도서관 출판예정도서목록(CIP)은 서지정보유통지원시스
템 홈페이지(http://seoji.nl.go.kr)와 국가자료종합목록시스템(http://www.
nl.go.kr/kolisnet)에서 이용하실 수 있습니다.(CIP제어번호: CIP2019017449)

14
북즐
활용 시리즈

내 출판사
창업
성공하기

개정판

이시우 지음

투데이북스
TodayBooks

막막한 1인 출판사 창업에 등불이 되어주는 책이면 좋겠다.

　이 책을 통해 1인 출판사를 창업하려는 예비 창업자들에게 출판의 현실과 창업 시 부딪히는 사항들에 대해 실질적인 도움을 주고 싶다.

　이 책은 2015년 6월 출간된 투데이북스의 「내 출판사 창업 성공하기」의 개정판이다. 이번 개정판에서는 출판 제작에 대한 부분을 과감히 생략했다. 그리고 변동된 내용들을 수정하고 추가했다. 아울러 출판사 창업 시 당장 필요하지 않은 내용들은 삭제했다.

　이 책을 통해 출판사 창업을 꿈꾸는 예비 창업자들에게 출판의 현실을 이야기했다. 그리고 필자의 경험 위주로 창업과정들을 설명했다.
　1인 출판사를 준비하는 사람이라면 꼭 알아야 할 창업의 과정들이 잘 설명되어 있으므로 각 단계별로 진행하면 될 것이다.

　책의 구체적인 내용을 살펴보면 다음과 같다.
　제1장에서는 1인 출판사를 창업하기 전에 체크해야 할 사항들에 대해 설명하였다. 적당한 시간을 투자해 창업 준비를 해야 초기 시행

착오를 최대한 줄일 수 있을 것이다.

제2장에서는 1인 출판사의 실질적인 창업 과정을 과정별로 상세하게 설명하였다. 필자가 제시하는 것이 정답은 아니지만, 경험자의 조언이라고 생각하면 좋겠다.

제3장에서는 1인 출판사를 창업한 뒤에 해야 하는 출판 마케팅에 대해 필자의 경험을 바탕으로 설명하였다. 출판 마케팅은 배워도 끝이 없는 업무 같다. 새로운 변화에 적응하며 자신만의 마케팅 방법을 만들어보자.

꿈은 이루어진다. 이 책을 통해 자신이 꿈꾸는 출판사 창업이 성공적으로 이루어져 재미있고 즐거운 출판사 운영에 도움이 되었으면 좋겠다. 자신을 믿고 준비하자. 시련은 있어도 극복해가며 시작해보자.

끝으로 이번 책이 나오기까지 도움을 주신 D&A 디자인 박정호 대표에게 진심으로 감사드린다.

2019년 6월

저자 이시우

Contents _____

Part 03

**1인 출판사를
위한
출판 마케팅**

부록

1인 출판사 창업을 위한
체크사항

왜 출판사 창업을
하려고 하는가?

출판사 창업을 결심하는 순간 그냥 행복했다. 앞으로 닥쳐올 고난을 알지도 못하고 말이다. 그래도 지금 후회하지는 않는다. 적게 벌어도 내가 좋아하는 일을 하면서 그 안에서 만나는 사람들과 교류하고 소통하는 것이 너무 좋다. 혹시 모르지 않는가? 언젠가 인정받는 출판인이 될 수도 있지 않을까? 그날을 기대하지는 않는다. 그냥 오늘 열심히 책을 만들뿐이다.

왜 출판사 창업인가?

필자의 경우 부산에서 직장생활을 하다가 대학시절부터 동경의 대상이었던 출판사를 하기 위하여 서울로 상경을 한 경우이다. 당시 출판에 대한 막연한 생각으로 출판사에 입사를 했는데 직장생활 3년 정도 지나니 출판사를 해서는 안되겠다는 결론을 내렸다.

출판을 한마디로 정의하라고 한다면 감히 이렇게 정의를 내리고 싶다.

'목돈 들여서 책 만들고 푼돈으로 거두어 들이는 사업'

잘되는 출판사 사람들이 들으면 웃을 일이지만 보통의 출판사에서 겪는 일이라고 생각한다. 만들어 놓은 책이 천천히라도 판매가 된다면 그나마 다행이지만 그렇지 않은 경우가 있으면 더 힘들어진다.

출판사에 11년 정도 근무하면서 출판사 창업에 대한 생각을 버렸는데 막상 직장을 그만두고 나서 생각을 해보니 내가 가장 좋아하고 잘 할 수 있는 일이 이 출판 일이라는 사실을 알게 되었다. 그리고 평생 나의 직장을 만들고 싶은 욕구가 더 강했다.

필자의 경우는 출판사 근무 경험이 사업을 하는데 많은 도움이 되었다. 만약, 출판사 근무 경험이 없는 분이라면 일단 출판사에 취업해서 출판 일을 해보기를 권하고 싶다.

나이가 많아서 또는 출판사에서 뽑아주지를 않아서 그럴 기회가 없다면 심사숙고해서 결정을 내려야 할 것이다.

필자의 주변에 신간 2~3종 정도 출간하고 다시 본업으로 돌아가거나 전혀 다른 일을 시작하는 분들을 간혹 본다. 그래도 출판사를 경영하고 싶은 분이라면 다니고 있는 직장을 다니면서 1년 정도 준비를 하자.

출판 관련 강의가 개설된 강좌를 수강하고 온라인 카페에 가입을 하여 오프라인 모임에 나가서 인맥을 쌓자.

출판사 창업은 책이 좋고 그 책을 만드는 작업이 좋은 사람들이 하면 참 좋은 직업인 것은 맞다. 만든 책의 판매가 좋으면 더 좋겠지만 말이다.

왜 출판사 창업을 하려고 하는가?

출판사 사업의 경우 다른 사업에 비하여 초기 자본이 그렇게 많이 들지 않는다. 초기 자본금이 많으면 좋겠지만 보통 3,000만원에서 5,000만원 정도를 가지고 창업한다. 1억 정도를 가지고 한다면 조금 여유 있게 출판사를 운영할 수 있을 것 같지만 어떤 책을 만드느냐에 따라 의견이 다를 수도 있다.

이것이 바로 함정인 것이다.

적은 돈으로 시작할 수 있으니 누구든지 마음만 먹으면 창업을 할 수 있다. 그만큼 털고 다른 일을 하기도 쉽다.

본인의 가슴에 물어보자. 왜 출판사 창업을 하려고 하는가?

필자는 출판사를 시작하면서 대박으로 큰돈을 벌겠다는 생각을 버렸다. 단, 내가 좋아하는 일을 평생하면서 그 안에서 행복과 만족을 느낄 수 있다는 것에 더 큰 의미를 두었다.

큰돈을 벌고 싶지 않아서가 아니라 사업의 구조상 큰돈을 벌기가 어려운 사업이라는 것을 좀 더 빨리 알았다고 보아야 할 것 같다.

출판사 창업을 하려고 하는 분들에게 다음의 몇 가지 조언을 하고 싶어서 정리해 보았다.

실패하지 않는 출판사의 7가지 다짐

1. 대박의 환상에서 벗어나자.

2. 분야 선정의 실패를 분석하자.

3. 실패한 분야는 과감히 접을 수 있어야 한다.

4. 어느 정도 공을 들일 것인가? 판단하자. 100% 완벽한 책은 없다.

5. 남의 눈을 의식하지 말자. 나 자신이 가장 중요하다.

6. 도움을 한번 받았으면 내가 도울 수 있는 것을 찾아서 돕자.

7. 자금 계획을 철저히 세우자.

출판 분야의 선정은
어떻게 할 것인가?

이 글을 읽는 독자들 중 현재 직장 생활을 하면서 출판사 창업을 준비 중일 수도 있을 것이고 현재 직장을 그만두고 본격적으로 창업을 시작한 분들도 있을 것이다.

출판사를 하기로 결심했다면 출판 분야를 선정하는 것이 가장 큰 고민거리일 것이다. 출판 분야를 어떻게 선정할 것인가? 그 정답은 없다. 하지만 자신의 경험과 정보력 그리고 지인들의 조언을 참고하여 최대한 나와 맞는 분야를 선정해야 한다.

출판 분야의 선정에 대한 여러 가지 경우가 있을 것이다.

출판사를 경영해 보면 알겠지만 본인이 어떤 사람을 직접 알고 있는가와 다른 분을 거쳐서 아는 가는 참 다르다. 사회의 모든 것이 다 그렇겠지만 출판 또한 이러한 인맥이 얼마나 중요한지를 절실히 느끼게 해준다. 필자의 경험으로 조언을 한다면 '못 먹는 감, 찔러 보는 심정으로 제안하고 부딪쳐 보라는 것이다.' 본인의 제안이 간절하다면 그 결과는 분명 좋을 것이라고 생각하자. 된다고 생각하면 될 가능성이 안될 가능성 보다는 더 높을 것이다.

여러 분야의 선정

일단 자신의 경험을 살려 가장 잘할 수 있는 분야 그리고 본인의 인맥으로 작가 섭외가 비교적 쉬운 분야, 본인의 경험으로 비전이 있어 보이는 분야를 3~4개 정도 선정하자. 3~4개가 힘들다면 2~3개 정도만 정하자.

◆ **여러 분야의 선정 시 장점** : 여러 분야를 선택하여 책을 출간하다 보면 독자의 반응이 오는 분야가 있을 것이다. 반응이 조금이라도 오는 분야가 있다면 일단 그쪽으로 방향을 잡는다. 전혀 반응이 오지 않는 분야가 있다면 과감하게 축소하거나 접자. 더 큰 손해를 미연에 막는 것이 현명할 수 있다.

필자의 경우 처음 4개의 분야를 선택했다. 그 중 한 분야인 [북즐(BookZle)] 시리즈는 처음부터 반응이 있어 후속편 제작에 망설임 없이 진행을 한 경우이다. 하지만 〈오늘을 살아가게 하는 힘〉 시리즈의 경우 첫 번째 책이 출간 초기부터 전혀 반응이 없었다. 후속편으로 4권이 더 있었다. 2권은 이미 계약이 되어 진행을 하고 있었고 3권은 작가 섭외가 끝난 상태였다. 계약이 완료되어 진행 중이었던 2권은 다시 기획을 하여 원고를 수정하는 선에서 다시 진행하기로 했으며 3권은 작가에게 양해를 구해 출간을 포기했다.

다시 수정한 2권 또한 결국에는 다른 출판사에 넘겼다. 2권을 출판

한 출판사는 별다른 재미를 못 보았다고 들었다. 필자가 직접 진행은 안했지만 그 책을 출간한 출판사 대표에게 미안한 마음이 들었다. 그래서 나름대로 홍보를 도와주었지만 잘되지는 않았다.

◆ **여러 분야의 선정 시 단점** : 여러 분야로 책을 출간하다가 어느 한 분야에서도 반응이 오지 않는다면 출판사를 접어야 할 수도 있다. 최악의 경우인 것이다.

필자는 이런 경우 이렇게 말한다. 어부가 바다에 나가서 그물을 쳐서 물고기를 잡는데 있어서 어느 곳에서 물고기가 잡힐지 모르는 상황에서 3~4곳에 그물을 쳤다고 하자. 그 중 한 곳에서라도 물고기가 잡히기를 바라는 것은 당연한 생각일 것이다. 그물을 잘 치기 위해서는 사전에 '어느 곳에 물고기가 있을 것이다'라는 것을 경험으로 배워야 한다. 즉 출판사나 지금 몸을 담고 있는 곳에서 근무를 하는 동안 본인의 노력으로 그러한 노력을 하지 않으면 안 된다. 출판 분야는 본인의 경험과 현재의 출판 시장을 읽어서 본인이 최종적으로 결정을 해야 하는 것이다.

한 분야의 선정

하나의 분야로 시작한다는 것은 자신이 가장 잘할 수 있는 즉, 자신만의 경쟁력이 있는 분야를 선택한다는 것이다. 하지만 처음 시작하는 경우 본인이 출판사에서 오랜 경험을 하였다고 하여도 하나의 분야만 선정하는 것은 매우 어려운 결단이다.

이것 또한 정답은 없다. 출판사를 하고 있는, 또는 근무하고 있는 지인들을 만나 다양한 경험담을 참고하여 본인이 결정을 내려야 한다.

어부가 물고기를 잡기 위하여 바다에 그물을 칠 때 딱 한 곳만 그물을 치는 경우인데 그 사전 준비가 매우 길수도 있다. 이 경우 어부가 그물만 잘 친다면 비용을 많이 절약하는 경우가 된다.

필자가 잘 아는 E 출판사 L 대표의 경우 출판하려고 하는 분야를 선정하는데 많은 시간을 소요했다. 본인이 직접 그리고 아르바이트생을 고용해서 출간하려는 목록을 뽑았다고 한다.

IT 분야 중 인터넷 쇼핑몰 가이드 분야를 선택하기까지 꽤 많은 시장조사를 한 것으로 들었다. 지금 L 대표가 기획한 분야를 보면 **경제/경영 〉 유통/창업 〉 창업 〉 인터넷 창업**으로 검색이 되었다.

당시 비전은 있어 보이나 아직 다른 출판사들이 시작하지 않은 분야를 찾기까지 정말 많은 시간을 투자했을 것이다. L 대표는 창업 분야에 관심을 가졌고 특히 인터넷 쇼핑몰 분야의 창업에 타깃을 두고 시리즈를 기획하고 진행을 한 것으로 보인다.

L 대표처럼 특정 한 분야를 선정하여 그 분야의 책을 출간하여 꾸준히 시리즈가 움직이는 것은 참 좋은 성과라고 생각된다. 특히 L 대표의 경우 시리즈 중 몇 권은 직접 집필을 하거나 공동 집필을 하였다. 그리고 주목할 점은 초판의 발행에 있어서 당시 보통 3,000부나 2,000부를 제작하는 것과는 달리 판매가 잘 될 것으로 판단이 되는 책은 1,500부를 제작하고 그렇지 않은 책은 1,000부를 제작하여 초기 비용을 조금이나마 줄여서 신간이 실패할 경우를 대비한 것 같다.

몇 년 전 L 대표를 다시 만났다. 기존 분야가 자리를 많이 잡아서 새로운 브랜드로 철학을 한다고 하였다. 당장은 아니더라도 장기적으로 그 분야의 전망을 밝게 보았다. 필자가 분석을 해본 결과 L 대표는 처음에는 자신이 잘 할 수 있는 분야를 선택하였고 그 분야의 자리를 잡고나서 본인이 하고 싶은 분야를 시작한 것이라고 판단되었다. 본인이 철학을 전공했으니 누구보다도 원고를 선택하는 데 많은 도움이 될 것이다.

　출판 분야의 선정 시 자신이 잘할 수 있는 특정 분야와 본인의 인맥으로 작가를 쉽게 구할 수 있는 분야를 먼저 선택하는 것이 실패를 줄이는 비결이다. 그리고 본인이 하고 싶은 분야는 시간을 두고 충분히 검토하고 자문을 구한 후 진행하는 것이 좋을 것이다.

　가장 조심해야 하는 것은 기존의 출판사에서 이런 책을 내서 반응이 좋았다고 해서 따라 하는 경우인데 이는 심사숙고하여야 한다. 본인이 만든 책이 나올 무렵 그 시장이 이미 사라졌을 수도 있기 때문이다.

출판물의 기획과 진행은
어떻게 할 것인가?

출판 분야가 정해졌다면 그 분야를 먼저 검색한다. 기존에 나와 있는 도서들을 구체적으로 검색하고 차별화된 신간도서의 기획을 해야 한다. 신간도서의 기획은 어떻게 할 것이며 그 진행은 어떻게 하면 좋은지 알아보자.

3-1. 출판물의 기획

창업을 하기로 결심한 후 수시로 어떤 책을 만들 것인지 고민한다. 지금 직장을 다니면서 준비를 하는 경우도 있을 것이고 퇴사 후 본격적으로 출판물의 기획을 할 수도 있을 것이다. 여러 출판계 선배들의 말을 빌리면 처음 기획한 도서가 10종이라면 여기서 1종~2종 정도 남고 나머지는 모두 현실화 단계에서 사라진다고 했다.

필자 또한 출판사를 하기로 결심한 순간 10여 종의 책들을 기획하었는데 단 2종만이 진행되고 나머지는 현실화 과정을 거치면서 모두 사라졌다. 2종 중 1종은 출간이 되었고 다른 1종은 타출판사에서 출간되었다. 현실화 과정에서 사라진 8종을 버리고 나서 새롭게 기획한 책들이 현재 시리즈의 주종을 이루고 있다.

출판기획자 출신이라면 두말할 것 없이 출판 기획을 하면 된다. 그 외의 분들이라면 출판 기획에 대한 경험을 쌓을 필요가 있다. 관련 책을 통하여 공부도 하고 지인들을 만나 정보를 얻고 항상 관심분야에 대한 연구를 한다면 좋은 기획물이 떠오를 것이다.

어떤 출판기획자의 말이 생각난다. "출판물의 기획은 찰나의 순간에 떠오르며 그 순간에 떠오른 아이템을 어떻게 현실화하는가에 따라 상품화가 될 수도 있고 안 될 수도 있다."

출판물 기획의 방법을 크게 다음의 3가지로 분류해 보겠다.

출판물 기획의 3가지 방법
1. 직접 기획하는 경우
2. 에이전시를 통하는 경우
3. 출간을 의뢰받는 경우

1. 직접 기획하는 경우 : 말 그대로 본인이 직접 기획을 하는 경우인데 검증이 안 되었기에 충분한 검증의 절차가 필요하다. 그 방법은 지인들을 만나 충분한 자문을 구한다. 이때 주의할 점은 자문을 구할 사람을 제대로 찾아서 자문을 구해야 한다는 것이다. 아는 사람이라고 아무한테 물어 보면 안된다는 것이다. 기획한 책이 캠핑 관련 책이

라면 주변에 캠핑을 자주 다니는 지인을 만나서 원고의 내용과 기획 의도에 대하여 설명을 하고 자문을 받아야 한다. 시간이 많이 소요되기 때문에 딱 5명 정도에게 제대로 자문을 받아보자. 제일 좋은 자문처는 그러한 책을 만들어 본 경험이 있는 출판사 대표나 기획자면 금상첨화일 것이다.

필자는 올해 창업 5년차이며 출판 경력은 15년차가 되었다. 지금 필자와 같은 사람들이 조심해야 할 것은 자만심이다. '내가 그런 것도 모르겠어' 라는 자만심이 자신의 발목을 잡을 수 있다. 아무리 출판을 오래 한 사람도 모든 책을 성공적으로 히트 시킬 수는 없다. 실패를 최소한 줄이는 것을 배울 필요가 있다. 그 첫 단추가 바로 자만심에 빠지지 않는 것이다.

2. 에이전시를 통하는 경우 : 에이전시에 방문하여 등록을 하거나 일정 비용을 지급하면 email로 출간 도서 목록을 받을 수 있다. 목록은 주기적으로 계속 오며 여기서 출간을 희망하는 도서를 선택하여 에이전시에 email이나 전화로 연락을 하면 외서를 보내준다. 이 외서를 가지고 분석에 들어가면 된다. 외서이므로 영어, 일어, 중국어 등으로 된 책들이다. 그러므로 전문가에게 검토를 의뢰하여야 한다. 또는 아마존닷컴에 들어가서 도서에 대한 평가를 점검해 보면 된다.

마음에 드는 도서를 선택하여 에이전시와 계약을 하면 된다. 평균적인 조건은 선인세 250만원~500만원이 필요하다. 번역비가 200만원~300만원 정도가 드니 외서 한 권을 진행하는데 착수금이 초기 450만원~800만원으로 평균 600만원 정도가 필요하다고 보면 된다.

필자의 경우 일본 외서의 경우는 일본어 번역을 하는 선배에게, 영어로 된 외서의 경우에는 영어 학원을 하는 사촌형에게 부탁을 해서 출간 여부를 결정했다. 현재까지 외서를 기획해서 만들어 본 적은 없다. 다만 email로 오는 출간 도서 목록을 참고만 하고 있다. 언젠가 좋은 외서를 만나게 된다면 한번 해 볼 생각이다.

3. 출간을 의뢰받는 경우 : 출판사를 운영하다 보면 지인들의 소개나 인터넷 카페, SNS를 통하여 출간 의뢰가 들어온다. 이렇게 들어오는 원고를 본인의 분야에 잘 맞도록 다시 기획을 하고 진행을 할 수도 있다. 이때 정말 신중하게 선택해야 한다. 본인의 돈이 나가는 사안이므로 인정에 매이면 실패한다. 필자가 창업 후 경험한 이야기를 해보겠다. 한번 참조해 볼만할 것이다.

필자의 경우 몸담고 있는 인터넷 카페를 통하여 출간 의뢰가 들어왔다. 원고를 보고 판단하기가 너무 어려웠다. 그래서 평소 친하게 지내는 지인과 편집자에게 자문을 구했다. 그 두 사람의 말을 들을 때는 조금 속이 상했지만 지금 생각하면 정말 고마운 말이었다.

다음은 기획자 출신의 지인이 한 말이다.

"그분이 정말 괜찮은 원고를 가지고 있다면 1인 출판사의 문을 왜 두드리겠는가? 더 좋은 출판사도 많은데 굳이 1인 출판사에 왜 원고를 주려고 하겠는가? 아마 다른 출판사 등에서 출판을 하고 싶어도 원고의 질이 떨어져 출간이 안되니 돌고 돌아 당신에게 온 것으로 생각된다."

다음은 그 원고를 작업할 예정이었던 편집자가 한 말이다.

"사장님 이 원고를 책으로 만들면 중형 승용차 1대 비용이 발생하고 실패하면 중형 승용차 1대 비용이 날아가므로 신중하게 판단하세요. 저야 일을 맡으면 돈을 벌지만 대표님은 큰 손해를 볼 수 있습니다. 원고를 읽어 보면 이야기의 큰 줄기가 없어요. 모두 작은 줄기로 되어 있는데 그 작은 줄기의 이야기가 핵심 주제의 이야기와 이어지지 않고 개별적으로 놀아요. 그리고 재미가 없어요."

필자는 결국 그 원고를 포기했다. 결론적으로는 잘한 결과가 되었다. 그 원고는 다른 1인 출판사에서 출간이 되었는데 판매지수를 보니 거의 판매가 이루어지지 않은 것으로 보였다. 그 1인 출판사에서는 그 책 3종이 출간되었고 지금은 더이상 책을 출간하고 있지 않다 (편집 과정에서 3권으로 분책이 된 것 같다).

● Power Tip ◄

출판 에이전트와 에이전시에 대하여

작가와 출판사를 서로 소개시켜주고 연결해서 출판계약이 이루어지게 되면 계약금의 일부분을 수수료로 받는 사람을 에이전트라고 한다. 에이전트는 작가가 협의하기 힘든 인세에 대한 금전적인 문제를 출판사와 협의를 거쳐 원활하게 처리해 준다.

작가는 자신의 원고를 출판할 출판사를 찾아다닐 필요가 없고 출판사는 에이전트를 통하여 믿을 수 있는 작가를 소개받는 장점이 있다.

외국 출판사의 도서를 국내 출판사에 소개시켜 주는 회사를 에이전시 회사라고 한다. 대표적으로 에릭양, KCC, 엔터스코리아, 임프리마, 북코스모스, 신원 등의 회사들이 있다. 이러한 에이전시 회사들은 외국 출판사의 우수한 도서를 국내 출판사에 소개시켜주고 수수료를 받는데, 그 계약에 따라 수수료의 금액도 차이가 많이 난다.

3-2. 출판물의 진행

만들려고 하는 책의 목록이 정해졌다면 그것을 어떻게 진행할 것인가에 대한 고민을 해보자. 여기서는 국내 기획물에 대한 진행에 대하여 알아보겠다.

기획한 기획물을 가지고 그에 맞는 작가를 찾는 것은 결코 만만한 작업이 아니다. 이때 평소 친하게 지낸 출판계 인사들의 도움이 크게 필요하다. 기획물의 원고를 작성할 만한 작가를 추천해 달라고 부탁을 하고 그분들을 만나러 나가야 한다.

필자의 경우 1종의 책을 기획하고 그 책을 집필할 적합한 작가를 찾는데 5개월의 시간을 보낸 적이 있다. 작가를 찾던 중 적합한 작가를 만나 계약을 했고 계약한 작가의 요청으로 계약을 파기하기도 하고 별의별 일을 다 겪었다. 그 책의 경우 접촉한 작가만해도 6명 정도였다.

그때 만난 분들 중 다음 작품을 진행한 경우도 있고 알고 지내며 서로 도움을 주고받는 사이로 발전한 경우도 있다. 지금 생각하면 그 시간이 모두 헛된 시간만은 아니었다.

최근에는 1년 동안 진행한 기획물에 대하여 작가와 계약 전 단계까지 갔다가 작가의 변심으로 다시 원점으로 돌아간 일이 있다. 그 작가에게는 돈이 더 중요했다는 사실이 조금은 슬프게 하는 일이었다. 누구에게나 돈은 중요하다고 생각한다. 하지만 돈보다는 미래에 대한 투자도 중요하다고 생각한다. 당장의 일러스트 작업으로 버는 돈과 관련 책을 써서 천천히 돈을 버는 것은 질적으로 다른 문제라고 본다. 아직도 그 책에 적합한 작가를 섭외 중이다. 그 일이 있은 후 적당한 분이 한 분 나타났다. 그분의 스케줄을 생각해서 지금은 기다리고 있다. 때론 진행보다도 기다림이 더 어려울 수도 있다. 그래도 기다린 뒤 결과만 좋으면 좋겠다. 지금은 기다림의 시간이 필요한 시점인 것 같다.

출판물의 진행에 있어서 첫 단추는 목차를 잡는 것이다.

기획한 책의 목차를 어느 정도 잡아서 작가에게 넘긴 후 서로 의논을 하여 목차를 조정한다. 그런 다음 어느 정도 정해진 목차와 1~2개 챕터에 대한 집필을 의뢰한 후 내용의 검토를 마친다. 이상이 없다면 출판물에 대한 계약을 하고 진행을 하면 된다. 기성작가이거나 검증이 된 분이라면 바로 계약을 하여 진행을 하면 될 것이다. 작가와 계약 시 원고의 마감일을 정했을 것이다. 원고의 마감이 다가올 무렵 원고 진행을 체크하면 좋다.

출판사를 열심히 하다 보면 책의 종 수가 늘어나고 그러면 자연스럽게 좋은 작가들로부터 출간 의뢰가 들어올 수도 있다. 그날을 위하여 열심히 책을 만들자. 최근에 만난 성공한 출판사 대표님이 필자에게 이런 말씀을 하셨다. "책을 만드는데 비용이 발생하지만 그래도 만들어서 서점에 내보내야만 그다음 책을 만들 수 있는 자금이 들어오므로 계속 책을 만들어야 한다. 돈을 벌려면 돈을 잘 쓸 줄 알아야 한다."

농사일과 같은 출판사의 업무들

- 기획 : 무엇을 심을 것인가 구상한다. = 어떤 책을 만들 것인가 기획한다.

- 투자 : 밭에 씨앗을 뿌린다. = 작가를 섭외해서 계약을 한다.

- 진행 : 밭에 난 잡초들을 수시로 제거한다. = 수시로 작업의 진행을 체크한다.

- 제작 : 작물을 적당한 시기에 수확한다. = 책을 차별화하여 제작한다.

- 마케팅 : 수확한 작물을 시장에 판다. = 배본 후 서점에서 마케팅을 한다.

- 결과 분석 : 작황과 판매 분석을 한다. = 책의 판매 부수를 체크한다.

자금의 확보는
어떻게 하는 것이 좋은가?

출판 분야가 결정되었고 만들려고 하는 책의 목록에 대한 기획이 끝났다면 자금의 확보가 남았다. 어떻게 보면 창업을 준비하면서 자금 확보에 대한 대안을 가지고 시작했을 것이다.

'사업 성공의 길'의 저자 브라이언 트레이시는 창업자의 자금 확보에 대하여 다음과 같이 말하고 있다.

1) 본인의 자금 활용 : 그동안 모아둔 자금으로 적금, 펀드, 예금 등이 있을 것이다.

2) 여유가 있을 때 갚아도 되는 돈 : 부모님에게 돈을 빌릴 수 있으면 빌리고 가능하면 매달 이자를 드리면 좋다.

3) 은행권 대출 : 주택담보대출(이자만 내는 경우, 이자와 원금을 같이 내는 경우), 신용대출(마이너스 통장), 신용보증보험 등이 있다.

출판물의 기획도 중요하지만 어느 정도 수익이 없어도 사업을 진행할 수 있는 자금의 확보가 매우 중요하다. 〈신간〉 도서가 출간되기 전에도 많은 돈이 들어간다.

작가와의 계약금, 때론 중도금, 편집·디자인 비용(표지와 본문), 사무실 임대료, 각종 사용료(전기세, 인터넷·전화·핸드폰 사용료 등)

자금의 확보를 어떻게 할 것인가에 대한 충분한 고민을 할 필요가 있다.

앞에서 말한 3가지 이외에 지인들에게 돈을 빌리는 경우가 있는데 필자의 생각은 그것은 하지 않기 바란다. 돈도 잃고 사람도 잃을 수 있기 때문이다.

사업 자금의 관리는 이렇게 하자. 단기에 들어갈 돈은 단기 예금 1개월, 3개월, 6개월 만기로 묶어두고 장기적으로 들어갈 돈은 매달 적금으로 준비를 해도 좋다. 매달 10만원~20만원은 큰돈이 아니므로 2년이나 3년 후 목돈으로 만들 생각으로 적금을 넣으면 좋을 것이다. 그리고 비상시를 대비하여 마이너스 통장을 준비해 두면 도움이 된다.

출판사를 창업하려는 대부분의 사람들이 창업 자금은 얼마 정도로 시작하면 좋은가에 대한 궁금증을 가지고 있다. 그 또한 정답은 없다.

필자가 들은 이야기와 경험으로 느낀 점을 잠깐 언급해 보겠다.

출판계 선배들은 3억 정도는 있어야 한다고 말씀하셨다. 이 말을 듣고 있던 한 후배가 자기는 3억 있으면 출판사를 안 한다고도 했다.

필자의 주변에 출판사를 창업한 분들의 이야기를 들어보면 3천만원에서 1억 원 정도를 가지고 시작한 것 같다. 자금이 충분하면 좋겠지만 자금 다음으로 출판 분야의 선정과 출판 아이템이 중요하지 않을까?

Power Tip

사무실과 비품들의 준비는 어떻게 할 것인가?
창업초기 확보된 자금은 곶감이 없어지듯이 없어지는 것은 너무도 당연한 수순일 것이다. 그러므로 초기 자금을 잘 관리해야 한다.
사무실의 준비, 사무 비품들의 준비를 슬기롭게 해서 초기 투자금을 최소화 해보자.
자존심(自尊心)은 버리고 실리(實利)를 추구하는 지혜가 필요하다.

사무실 준비는 어떻게 할 것인가?
1인 출판사의 사무실 준비에 대하여 알아보겠다.
크게 다음의 3가지 방법으로 나눌 수 있다.

첫 번째로 사무실 없이 집에서 창업 준비를 해도 된다. 첫 책이 나오고도 계속 집에서 진행을 해도 좋다. 집의 방 한 칸이 사무실이 되는 것이다. 이때에는 주거와 사무실의 분리가 중요하다. 그리고 자기 자신의 관리 또한 철저해야 한다.

두 번째로 지인의 사무실에 책상 하나 놓을 공간이 있다면 월세를 주고 들어가도 좋다. 손님이 찾아오면 근처 커피숍에서 미팅을 하면 된다. 출판사를 준비하고 첫 책이 나오기까지 버티자.

세 번째로 최소의 비용으로 구하는 것이다. 사무실을 구하는 곳의 위치에 따라서 다르겠지만 보증금이 300만원~500만원 정도이고 월세가 20만원~40만원 정도인 곳을 구하자. 홍대, 합정동, 동교동 근처의 경우 보증금 1,000만원 이상에 월세가 50만원 이상일 것이다. 그러면 사무실 비용이 좀 더 저렴한 곳으로 이동하여 알아보면 좋을 것이다. 책이 안 나온 상태에서는 월 고정비가 가장 무서운 것이다. 물론 관리비도 최소인 곳으로 해야 할 것이다.

1인 출판사를 창업한 선배들의 말을 들어 보면 집과 사무실은 가까울수록 좋다고 한다. 늦게까지 일하고 주말에도 출근해서 일하려면 이동 거리가 짧은 것이 좋다고 했다. 창업 후 5년 정도는 열심히 일하자. 자리가 잡힌 후 업무의 양을 조정하면 좋을 것 같다. 출판 선배들의 말에 의하면 3년 차에 한 번 고비가 오고 5년 차에 또 한 번 고비가 온다고 한다. 길게 생각하고 체력의 안배를 잘하자.

사무실 집기류 및 비품들은 어떻게 준비할 것인가?
가능하다면 모두 얻어라. 그것이 어려우면 중고 가구점에 가서 구입하자. 전체 구입비의 70% 이상은 절약할 수 있을 것이다. 각 구마다 재활용센터가 있다. 직접 방문하여 일괄 구매를 하자. 일정 금액 이상이 되면 무료로 배달도 해준다. 가능하면 최소의 집기류만 구입을 하자. 그리고 필요한 전자제품은 할부로 구입을 하자. PC 본체, 모니터, 복합기(스캐너가 되면 좋다), 전화기 정도만 있으면 된다. 집에 사용하지 않는 것이 있으면 가지고 오자.

05 출판사의 이름은 어떻게 정할 것인가?

출판사의 이름(상호)을 정하는 것에 대하여 알아보자.

출판사 이름을 정하는 데 기본적인 원칙은 본인이 사용하고자 하는 이름이 해당 구에 없으면 된다. 즉 본인이 마포구에서 출판사를 시작한다면 그 구에 본인과 동일한 이름의 출판사가 없으면 출판등록이 가능하다. 이것은 원칙일 뿐이다. 만약 다른 구로 이전을 한다면 곤란한 일이 발생할 수도 있으므로 전국에서 단 하나뿐인 이름을 짓는 것이 가장 안전하다. 지금도 비슷한 상호의 출판사들과 위치가 다른 곳에 등록된 동일한 이름의 출판사가 겪어야 하는 문제점은 여러 가지가 있겠지만 그 중에 하나가 서점에서 해당 출판사로 도서 반품 시 해당 물류로 정확하게 도착이 안된다는 점이다. 예를 들어 홍길동 출판사의 반품도서가 홍길동 미디어로 가고 홍길동 미디어의 반품도서가 홍길동 출판사 또는 홍길구 출판사로 간다는 것이다.

이 모든 문제점을 해결하는 방법은 전국에서 단 하나뿐인 출판사 이름을 짓는 것인데 그 첫 번째 작업이 문화체육관광부의 [출판사/인쇄사 검색 시스템(http://book.mcst.go.kr)]을 이용하는 것이다.

여기에서 검색을 통하여 내가 짓고자 하는 출판사 이름이 있는지 없는지 확인한 후 이름을 정하자.

[지역선택]에서 〈도시명〉을 선택하고 [영업]에서는 〈전체〉를 선택하고 [업종구분]에서는 〈출판사〉를 선택하고 [항목]에서는 〈상호〉를 선택하자. 그런 다음 본인이 정한 출판사 이름을 입력한 후 [검색] 버튼을 누르면 된다.

▲문화체육관광부의 [출판사/인쇄사 검색 시스템] 홈페이지 초기화면

06 출판사 등록은 어떻게 하는가?

출판사 이름(상호)을 정했다면 관할 구청의 문화체육과나 총무과를 방문한다. 소재지마다 조금씩 다르므로 관할 구청에 먼저 문의를 하고 방문하자. 예를 들어 출판사를 서교동에서 시작한다면 마포구청 문화체육과에 가서 담당자의 안내에 따라 출판사 등록을 하면 된다.

출판사 등록에 필요한 준비 서류는 다음과 같다.

출판사 등록 시 필요한 서류

1) 임대차 계약서 사본
2) 대표자 신분증
3) 대표자 도장(본인이 직접 가는 경우 사인을 하면 된다)

임대차 계약서 사본, 신분증, 대표자 도장(본인이 가는 경우 사인이 가능하다 / 대리인이 가는 경우 위임장이 필요하다)을 가지고 가면 된다. 현장에서 주는 출판사 등록신청서에 출판사명, 주소, 이름, 전화번호 등을 기입하고 담당자에게 제출한다. 참고로 집에서 출판사 등록을 하는 경우 [임대차 계약서] 사본 대신 [등기권리증]이나 [전세 계약서] 사본을 가지고 가면 된다.

출판사 등록 신청 후 4일~7일 내에 처리가 된다. 구청 담당자의 연락이 오면(문자로 받은 것 같다) 인지대(필자가 창업한 2011년에는 18,000원이었는데 2014년부터 27,000원으로 인상이 되었다 / 1년에 1회 납부한다)를 가지고 구청에 가서 등록면허세를 납부하면 [출판사 신고 확인증(출판사 등록증)]을 교부받을 수 있다.

[출판사 신고 확인증]을 받은 다음 가능하다면 출판사 이름을 상표등록 해두자.
일단 [출판사 신고 확인증]을 받은 후 상표넷(http://www.trademark-net.com)이라는 사이트에서 한번 검색을 해 보아도 좋다. 또는 특허청 사이트(http://www.kipo.go.kr)에서 상표권 검색 및 등록이 가능하다. 절차가 복잡해서 필자의 경우에는 검색만 하고 변리사를 통해 진행시켰다. 장기적인 안목으로 볼 때 이를 권하고 싶다.

필자는 출판사 상호의 경우 2번의 거절 후 3번 만에 출판사 상호로 된 [서비스표 등록증]을 받았다. 처음에는 유사한 디자인에서 걸리고 두 번째는 비슷한 명칭에서 걸렸다. 포기하려다가 다시 수정을 해서 출원을 했던 기억이 난다. 참고로 출원 비용은 출원 시 계속 발생을 한다. 동일한 건을 3번 출원했다고 한다면 출원 비용만 3번 드는 것이나.

▲상표넷 홈페이지 초기화면

▲특허청 홈페이지 초기화면

상표권 신청 시 제16류나 제41류로 신청을 하면 된다. 예를 들어 '북즐'이라는 상표가 있다고 하자. 서적 출판용으로 사용하려면 16류나 41류로 신청을 해야 한다. 2건이 되면 비용도 2배가 된다. 1류 별로 출원 금액이 정해진다. 예를 들어 식당 상호로 사용하려면 43류, 통신사업용으로 사용하려면 38류로 등록을 해야 한다.

또 하나 북즐의 영문 표기인 'BookZle'을 제16류로 신청하면 한글 '북즐'과 영문 'BookZle'로 2건이 되어 비용이 두 배가 된다. 이때에는 '북즐'과 'BookZle'을 별도로 출원하지 말고 '북즐(BookZle)'로 해서 1건으로 출원을 하면 된다.

신청 류도 16류로 신청을 하고 16류가 어려우면 41류로 신청을 하자. 그리고 기존의 문자로 등록이 안되면 그 문자를 변형시켜 디자인을 해서 등록을 시키자. 비슷한 문자와 차별화가 되어 출원이 될 가능성이 높다고 한다.

다음의 투데이북스 서비스표의 경우 기존의 문자를 세모와 동그라미를 이용해서 디자인을 한 후 출원을 시킨 예이다.

▲북즐(BookZle) 상표 등록증   ▲투데이북스 서비스표 등록증

07 사업자등록증은
어떻게 발급받는가?

　　　　　1인 출판을 준비하는 분들 중 출판사 등록을 하여 [출판사 신고 확인증]만 가지고 계신 분들이 있을 것이다.

　자 그럼 사업자등록증을 발급받는 방법에 대하여 알아보겠다.

　사업자등록증은 관할 세무서에 가서 발급받으면 된다. 예를 들어 마포구에서 사업을 한다면 마포세무서에 가서 사업자등록증을 발급받으면 된다. 별다른 이상이 없는 경우 사업자등록증은 당일 신청하면 당일 발급이 된다.

　사업자등록증 발급 시 다음의 서류들을 준비하면 된다.

사업자등록증 발급 시 필요한 서류

1) 출판사 신고 확인증(출판사 등록증) 사본
2) 임대차 계약서 사본
3) 대표자 신분증

참고로 집 주소로 사업자등록증을 발급받는 경우 [임대차 계약서] 사본 대신 [등기권리증]이나 [전세계약서] 사본을 가지고 가면 된다.

사업자등록증 발급을 위한 신청서 작성 시 다음의 내용을 구분해서 입력해 준다.

1) 개인사업자로 할 것인지, 법인으로 할 것인지 결정해야 한다.

- 법인은 일정 인원이 필요하고 설립자본금이 필요하므로, 대부분 개인사업자로 신청하면 된다.

2) 면세사업으로 할 것인지, 아니면 일반과세자로 할 것인지 결정한다.

- 출판은 면세사업에 속한다. 하지만 출판 이외에 다른 사업을 영위할 필요가 있다면 일반과세자로 해야 한다. 면세사업자로 한다고 해서 반드시 좋은 것은 아니다. 일반과세자라고 하더라고 출판업을 병행한다면 출판 사업에 관련된 것은 면세 항목을 적용받는다.

임대차 계약서와 전대차 계약서
- **임대차 계약서** : 일반 전세 계약자인 경우이다.
- **전대차 계약서** : 전전세인 경우로 지인의 사무실에 책상 하나를 두고 시작할 때 주로 이용한다. 이 경우 건물주의 동의가 필요하며 임대차 계약을 한 분과 전대차 계약을 하면 된다. 계약서에는 건물주의 이름과 주민등록번호 및 확인 도장을 받아야 한다.

책을 유통시키기 위해 필요한 ISBN 부여받기

[출판사 신고 확인증]도 있고 [사업자등록증]도 있다면 이제 책에 들어갈 ISBN을 발급받아야 한다. 책에 ISBN이 없으면 도서를 유통시킬 수 없다.

ISBN을 발급받으려고 하면 국립중앙도서관 한국문헌번호센터의 서지정보유통지원시스템에서 신청을 하면 된다. 관련 교육을 받아야 하는데 온라인으로도 가능하다. 서지정보유통지원시스템(http://seoji.nl.go.kr/) 홈페이지에서 신청 양식을 다운받아 작성후 팩스로 보내면 된다. 이때 [출판사 신고 확인증]과 연간 출판 예정 목록(향후 1년간의 출판계획서)도 함께 보내야 한다(출판사 신고 확인증은 스캐너를 이용하여 그림 파일로 스캔을 한 후 첨부 파일로 보내면 된다).

▲[발행자번호] 신청 안내화면

[발행자번호]를 발급 받은 후 책에 들어갈 도서번호(ISBN)을 신청하면 된다. 책은 출판 과정을 거치면서 자신의 고유 번호를 갖게 되는데 이것이 바로 ISBN이다.

ISBN이란 국제표준도서번호(International Standard Book Number)로 국제적으로 통용되는 도서번호를 말한다. 한 사람이 하나의 주민등록번호를 가지는 것처럼 하나의 책에는 하나의 ISBN만 부여할 수 있다.(세트의 경우에는 세트로 발급받은 ISBN이 함께 표기된다) 13자리 숫자로 구성된 ISBN은 국가, 발행인, 책 내용 등과 같은 많은 내용을 표시하기 때문에 책을 분류, 관리, 유통함에 있어 시간과 인력을 절감할 수 있을 뿐만 아니라 오류도 방지할 수 있다.

▲[도서번호(ISBN. CIP)] 신청 안내화면

ISBN을 부여할 수 있는 대상과 제외 대상은 다음과 같다.

ISBN 부여 대상	ISBN 제외 대상
1. 인쇄 도서 2. 팸플릿(광고 및 선전용은 제외) 3. 점자 자료(도서 및 오디오테이프) 4. 개별 논문이나 계속 자료 중 특별호 5. 지도 6. 교육용으로 제작된 필름, 비디오테이프, 슬라이드 7. 카세트, CD, DVD를 매체로 한 오디오북 8. 물리적 매체(기계 가독형 테이프, 디스켓, CD-ROM 등)이나 인터넷상의 전자 출판물	1. 계속 자료(연속 간행물, 신문, 학술지, 잡지 등) 2. 추상적 본문으로 구성된 도서나 작품 3. 광고물, 전단지 등과 같이 수명이 짧은 인쇄 자료 4. 인쇄 악보 5. 표제지와 본문이 없는 화첩 및 아트 폴더 6. 개인 문서(전자 이력서나 개인 신상 자료) 7. 연하장, 인사장 8. 음악 녹음 자료

9. 인쇄 출판물에 대한 디지털 복제물	9. 교육용 외의 목적으로 사용하기 위한 소
10. 마이크로 형태의 자료	프트웨어
11. 교육용 소프트웨어	10. 전자 게시판
12. 복합 매체 출판물(주된 구성 요소가 텍	11. 전자 우편과 전자 서신
스트인 경우)	12. 게임
13. POD(주문형 출판물)	

[참고 자료] 한국문헌번호센터

참고로 우리나라에서는 국립중앙도서관 한국문헌번호센터가 국가 관리기구로 지정되어, 1990년부터 국제 ISBN 관리 기구에 가입·운영하고 있으며, ISBN 및 ISSN의 국내 번호 관리 및 데이터베이스 등 메타데이터를 구축하여 관련 정보를 제공하고 있다.

[ISBN]은 국제표준도서번호 13자리와 [부가 기호] 5자리를 포함하여 모두 18자리로 구성된다. 부가 기호는 책의 분류를 정해 좀더 찾기 쉽도록 하기 위해 부여하는 숫자이다. 각 번호의 구성은 다음과 같다.

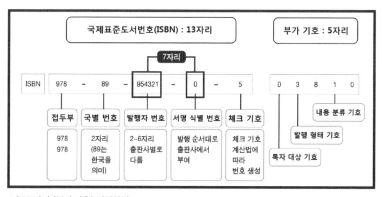

▲[ISBN]과 [부가 기호] 설명화면

출판사에서 ISBN을 발급받으려면 도서의 인쇄 예정 15일~20일 전까지 온라인으로 신청해야 하며, 처리 기간은 1일~2일 정도이다. 그 결과는 등록한 이메일이나 SMS(문자 서비스)로 알려준다.

신청하여 발행받은 ISBN은 홈페이지의 [등재부 검색]에서 확인할 수 있으며, ISBN의 바코드를 출력하거나 다운로드하여 책에 넣으면 된다. 책에 인쇄할 때는 판권과 뒤표지 오른쪽 아래에 반드시 ISBN을 표기해야 하고, 발행 또는 제작일로부터 30일 이내에 해당 책을 국립중앙도서관에 2부를 납본(제출)해야 한다.

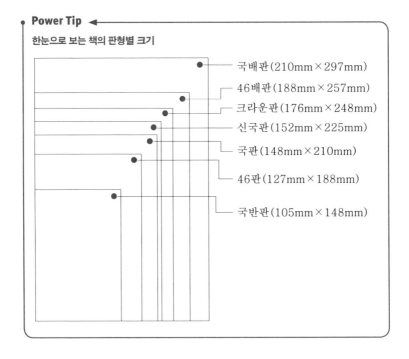

Power Tip

한눈으로 보는 책의 판형별 크기

- 국배판(210mm×297mm)
- 46배판(188mm×257mm)
- 크라운판(176mm×248mm)
- 신국판(152mm×225mm)
- 국판(148mm×210mm)
- 46판(127mm×188mm)
- 국반판(105mm×148mm)

▲[도서번호(ISBN. CIP)] 온라인 신청화면

　　도서번호(ISBN. CIP) 신청 시 부가 기호, 도서의 제목, 저자명, 도서
의 크기, 페이지, 제본 방법, 발행일, 도서의 소개, 목차, 저자 소개, 본
문 일부, 서평 등을 미리 준비해두자. 이상의 내용을 복사해서 해당
항목에 붙여넣기를 하면 된다. 신청한 도서번호(ISBN. CIP)의 정보는
등록이 되면 이메일이나 문자로 알려준다.

혹시 도서 정보가 처음 신청 시와 다를 경우에는 홈페이지의 [정정 및 삭제 신청]에서 수정 요청을 하면 된다. 수정할 도서를 선택한 후 정정 내용을 수정해서 신청한다.

▲[정정 및 삭제] 신청화면

Power Tip

출간된 신간 도서의 납본에 대하여

납본이란 출판사가 출간한 〈신간〉을 관련 법률에 의거하여 국립중앙도서관에 납부하는 제도를 말한다. 이 일은 꼭 해야 하는 의무사항이다.

도서관법 제20조(도서관자료의 납본) ①누구든지 도서관자료(온라인자료를 제외한다. 이하 이 조에서 같다)를 발행 또는 제작한 경우 그 발행일 또는 제작일로부터 30일 이내에 그 도서관자료를 국립중앙도서관에 납본하여야 한다. 수정증보판인 경우에도 또한 같다.

국립중앙도서관에 납본된 도서관자료들은 국가 문헌으로 영구 보전되어 후대에 전승은 물론, 대국민 자료 이용 서비스에도 제공되고 있다.

국립중앙도서관에 납본하는 경우 신간 도서 2부와 [도서관자료 납본서 / 보상청구서]를 작성하여 같이 국립중앙도서관 자료기획과로 보내면 된다. 그리고 보상금액에 대한 전자계산서도 발행을 해야만 된다.

처리가 되면 출판사로 신청한 금액이 통장으로 입금된다. 예전에는 [도서관자료 납본증명서]를 우편으로 보내주었는데 지금은 서지정보유통지원시스템 홈페이지 상의 [납본증명서 발급]에서 온라인으로 출력하면 된다.

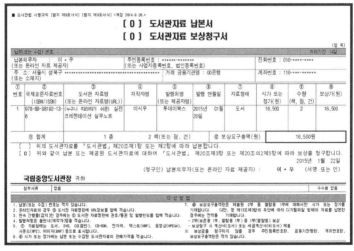

▲[도서관자료 납본서 / 보상청구서] 샘플 화면

회사 홈페이지를 만들 것인가? 카페를 만들 것인가?

최근 몇 년 전부터 출판사들은 자체 홈페이지로 신간이나 구간 도서의 홍보를 하기 보다는 다음(DAUM_http://www.daum.net)이나 네이버(Naver_http://www.naver.com)에 카페를 만들어 운영을 많이 하고 있다. 출판사 입장에서도 유리한 점들이 많은 것이다.

홈페이지의 경우 일반게시판 정도는 관리하는 직원이나 대표자가 직접 올리고 이동시키고 삭제하는 등의 작업이 가능하다. 하지만 디자인이 되어 있는 부분의 경우 수정을 하려면 홈페이지 관리업체에 의뢰를 해야 하는 번거로움과 경우에 따라서는 약간의 비용이 발생한다.

다음이나 네이버에 출판사 카페를 만들고 출판사의 도메인 주소를 입력하면 출판사 카페로 넘어가도록 연동을 시킬 수 있다. 이러한 방법을 사용하는 출판사들이 점점 많아지고 있다.

다음이나 네이버의 카페는 별도의 비용이 들지 않고 관리자가 마음먹은 대로 입력, 수정, 삭제가 가능하기 때문에 매우 편리하다. 도메인을 등록하고 그 도메인으로 출판사 카페로 연동하는(포워딩 서비스) 방법에 대하여 알아보겠다.

도메인 신청하기

먼저 출판사 이름으로 된 도메인을 신청하자.

도메인 신청은 다음의 사이트 중 한 곳에 회원 가입을 한 후 신청하면 된다.

별로 어렵지 않게 신청이 가능하다. 처음에는 1년 정도 사용하는 것으로 해서 등록을 해두자.

.com과 같은 외국 도메인은 1년에 30,000원 미만이고 co.kr과 같은 국내 도메인은 1년에 28,000원 미만이다. 각 회사마다 등록비용이 거의 비슷하다. 1년 등록보다는 2년, 2년 등록보다는 3년 간 사용등록 시 금액이 더 낮아진다.

신규 도메인 신청이 가능한 사이트
- 후이즈(http://whois.co.kr)
- 아이네임즈(http://www.inames.co.kr)
- 가비아(http://domain.gabia.com)
- 카페24(http://www.cafe24.com)
- 고도도메인(http://domain.godo.co.kr)
- 이로긴(http://www.elogin.co.kr)

포워딩 서비스 신청하기

포워딩 서비스를 신청해 두면 독자들이 출판사 도메인으로 접속을 하면 지정한 카페로 이동된다. 이것이 바로 포워딩 서비스이며 별도의 비용이 들지 않는다.

먼저 다음이나 네이버에 출판사 카페를 만들자. 카페를 만드는 것은 매우 간단하다. 해당

포털에 들어가서 [카페] – [카페 만들기]를 하면 된다. 출판사 카페를 만들었다면 바로가기 주소가 있을 것이다. 예를 들어 다음 카페의 경우 http://cafe.daum.net/신청한 출판사 이름이므로 별도로 메모를 해두자.

도메인을 신청한 업체의 홈페이지에 들어가면 보통 부가서비스라는 메뉴 안에 포워딩이라는 메뉴가 있다. 포워딩 서비스로 들어가서 포워딩 서비스 신청을 하면 된다. 만약 메뉴를 찾지 못했다면 도메인 신청업체에 전화로 문의를 하면 포워딩 서비스 메뉴가 있는 곳을 잘 알려준다.

포워딩 연결 주소에는 도메인으로 접속을 때 연결될 카페의 주소를 입력하면 된다. 그리고 홈페이지 제목, 홈페이지 키워드, 홈페이지 설명을 입력해 주면 된다.

▲[포워딩 서비스] 정보 입력화면

Part 02

1인 출판사 창업과정에서
알아야 할 것들

출판시장의 분석
(1인 출판사가 3년간 살아남는 길)

출판시장을 분석하기 전에 출판시장에 대하여 알아보겠다. 출판시장은 여러 분야로 나누어져 있다. 단행본, 외국어, 어린이, 청소년, 대학교재를 비롯한 학습교재, 만화, 전문서 등이다. 여기서 필자는 크게 2개의 분야로 나누어 알아보겠다. 단행본 분야와 전문 분야이다.

교재 분야의 경우 입시제도가 변하거나 자격증 시험의 내용이 변하는 경우가 아니면 작년의 책이 올해에도 출판될 수 있다. 하지만 단행본의 경우 초기 몇 달간 반응이 없으면 다시 책을 홍보하기가 쉽지가 않다.

단행본 분야

매년 그해를 선도하는 출판 이슈가 있다. 2014년의 경우 그해 중반부터 컬러링북이 대세였다. 그에 관련된 책들이 베스트셀러 반열에 올라갔다. 지금도 꾸준히 인기를 누리고 있는 것 같다. 그렇다고 지금 이러한 책을 기획한다면 늦을 수도 있다. 하지만 최대한 빨리 만들어 낸다면 막차 정도는 탈 수 있을 것이다.

과거를 뒤돌아보면 한때 이슈가 된 출판 아이템으로 부동산 투자, 재테크, 자기 주도 학습법, 공부법, 자기개발서, 처세술 등이 있다.

2014년의 출판 이슈인 컬러링북이 그 다음해에도 출판시장의 아이템이 된다는 보장은 없다. 지난 과거를 뒤돌아볼 때 다른 이슈의 책들이 시장을 점령할 것이다. 미래를 예측해 본다면 부의 재분배, 가치관 정립 관련, 명상과 같은 이슈의 책들이 인기를 끌지 않을까 생각해 본다. 예측일 뿐이다.

그래서 출판이 재미있고 위험한 두 가지의 칼. 즉 양날의 칼이 아닐까?

베스트셀러를 출간한다고 그 출판사가 꼭 잘 나가는 출판사라고 볼 수도 없다.

베스트셀러는 없어도 꾸준히 신간이 나오고 적지만 꾸준히 책이 판매가 된다면 출판사를 경영해 볼만하다. 그 정도 자리를 잡기 위해서는 주변의 많은 도움과 본인의 노력이 필요하다.

출판사를 운영하는 중 가장 힘든 것은 신간이 나온 뒤 반응이 전혀 없는 경우일 것이다. 보통 1~2달 정도 판매를 해보면 책의 미래를 예측할 수 있다고 본다. 100% 맞을 수는 없을지라도 거의 대부분 책들이 그렇지 않을까?

전문 분야 – 외국어, 교재, 전문서 등의 분야

전문 분야의 경우 기획만 잘 한다면 꾸준히 책이 판매된다. 꾸준하게 책이 팔리는 반면 크게 베스트셀러가 되지는 않는다. 가끔씩 영어 분야에서 베스트셀러가 나오기도 하는데 교재 분야의 책이라기보다는 단행본 형태의 영어학습법으로 보아야 할 것이다.

전문 분야의 책은 작가 섭외가 어려울 수도 있다. 특히 이름 없는 1인 출판사는 그 분야 유명 저자의 원고를 받기가 쉽지 않다. 다리품을 팔자.

지인들에게 소개를 받고 최대한 인맥을 활용하여 돌아다니다 보면 좋은 결과가 있을 것이다. 결코 포기하지 말고 좌절하지 말자.

필자의 경험담을 이야기해 보겠다.

필자의 경우 특정 분야의 전문가가 집필을 해야 하는 책을 기획했었다. 처음부터 작가를 섭외하기가 어려웠다. 평소 잘 아는 지인을 섭외하여 계약을 하였다. 그러나 작가의 개인적인 사정으로 계약은 파기되었다. 그 후로 네 분의 작가를 섭외하고자 만나러 다녔다. 시간도 2~3개월을 소비한 것 같다. 그래도 다른 일을 하면서 이 일을 진행했으니 그 기간을 모두 투자한 것은 아니다. 그때 만난 네 분 중 두 분과는 지금도 가끔 연락을 하며 지내고 있다.

결과적으로 다섯 번째 만난 분과 계약을 하여 성공적으로 원하는 책을 출간할 수 있었다. 그때 배운 교훈은 포기하지 말고 실행에 옮긴다면 좋은 결과가 온다는 것이었다.

1인 출판사가 3년간 살아남는 길

가끔 필자에게 출판사가 잘 되는지 안부 전화가 가끔 온다.

이때 필자가 느끼는 점은 두 가지이다. '하나는 아직 안 망하고 잘

하고 있나 궁금해서이고 또 하나는 어려운 출판시장에서 잘하고 있는지 정말 궁금해서이다.' 필자의 개인적인 소견이다. 그때 제가 드리는 말은 "잘 안되는 것도 아니고 잘되는 것도 아닌 황소걸음으로 가고 있다."이다.

정말 그렇다.

출판계 선배들이 하는 말을 종합해 보면 3년간 20종을 내고 그때까지 큰 채무가 없다면 자리를 잡은 것이라고 한다.

1인 출판사가 살아남는 길은 쉽지가 않다. 만약 독신으로 출판사를 운영한다면 가능할 수도 있다. 하지만 가족을 부양하면서 1인 출판사를 유지해 나가는 것은 쉽지가 않다.

주변의 도움을 받자. 돈을 빌리는 행위를 제외한 모든 부분에 도움을 요청하자(사실 그렇게 하기는 쉽지가 않다, 그러므로 평소에 인맥관리를 잘해야 하는 것은 너무도 당연한 말일 것이다).

작가에게는 잘나가는 출판사의 인세보다는 1~2%만 낮게, 본문과 표지 디자이너에게는 자신이 해줄 수 있는 최저가의 단가로, 제작업체에는 최저의 단가와 지불의 유예를, 일단 그러한 도움을 받아야 한다.

매입처에는 이러한 부탁이 간절하다면 가능하다고 본다. 하지만 매출처인 서점 등은 쉽지가 않다. 그리고 도움을 준 사람들에게는 지금은 보답을 못하더라도 그 은혜를 항상 기억하고 있다가 나의 도움이 필요할 때 바로 달려가자.

어떻게든 3년간 20종을 만들며 살아남자. 이것이 1인 출판사를 경영하는 경영자에게 가장 중요한 목표가 되는 것이다.

● Power Tip ◄

제작 현장에서 자주 사용되는 용어들

현장용어	순화용어	현장용어	순화용어
가가리	실 매기, 사철	스리지	교정지
가다오시	형틀	시다	조수, 보조
가꾸양장	각 양장	시야게	재단 마무리
게쓰	용지 끝	시오리	가름끈
겐또	가늠	아미	망점
겐또와시	가늠잡기	오도시	자투리
고바리	따붙이기	오리꼬미	날개접기
구와이	용지 입구, 물림여백, 물림쪽	오비지	띠지
구와이 돈땡	용지 입구 같이걸이, 물림쪽 같이걸이	오시	선압, 누름자국
기가다	목형	야레	파지
누끼	백발, 희게빼기	아지노	미싱 칼선 접지
다이	깔판	엠보싱	돋음내기
도무송	톰슨, 모양따기	요고레	바탕 때
도비라	속표지	우라	뒷면
돈땡	같이걸이	와꾸	틀
돈보	가늠자표, 기준점	조아이	정합, 장합
마루양장	환 양장	지라시	전단지, 광고지
베다인쇄	바탕인쇄	하리꼬미	터잡기, 대첩
베라	낱장	혼가께	따로걸이
보로	걸레	하리	옆 맞춤, 옆 기준선
소부	판굽기	하리 돈땡	옆 맞춤 같이걸이
세네카	책등	하시라	쪽머리글

초판 제작 부수와
저자 인세 지급 기준

규모가 있는 출판사의 경우 초판이 아닌 재판에서 손익분기점이 나올 수가 있다. 어린이책의 경우 초기에 들어가는 삽화비, 편집비, 디자인 비용이 다른 책에 비해 많이 든다. 그리고 적정 가격대가 있으므로 가격을 많이 올릴 수도 없다. 그러므로 재판에서 수익을 낼 수 있게 책을 제작해도 된다. 왜냐하면 이 책이 안 팔려도 다른 책에서 수익을 낼 수가 있기 때문이다.

1인 출판사의 경우는 다르다.

1인 출판사는 초판에서 손익분기점이 되는 책을 기획하고 만들어야 한다. 그래서 가장 많이 고민을 해야 하는 부분이 초판의 제작 부수와 외주 비용(본문 편집, 표지 디자인비), 저자의 인세인 것이다.

초판 제작 부수

1인 출판사의 경우 만들려고 하는 책의 정확한 제작비를 산출하는 것이 가장 중요하다.

정확한 제작비 산출을 한 후 책의 초판 제작 부수를 결정해야 한다. 단순하게 보면 초판을 많이 제작하면 할수록 권당 제작비는 낮아지지만, 무조건 많이 제작할 수는 없다.

보통의 출판사에서 초판을 2,000부에서 3,000부를 제작해 왔다. 2012년 이후에는 출판시장의 불황으로 인해 초판을 1,000부나 1,500부 또는 2,000부를 제작하는 실정이다.

여러 가지 정보들을 종합해 보면 1인 출판사의 초판 제작 전략을 다음과 같이 세워볼 수 있겠다. 가능하면 초판에서 손익분기점이 되도록 제작비의 절감을 계획해야 한다.

1. 상대적으로 제작비가 많이 들어가는 본문이 컬러(4도)인 경우의 책
   : 초판 2,000부 제작
2. 반응이 나름대로 좋을 것 같은 본문이 2도인 경우의 책
   : 초판 1,500부 제작
3. 반응이 중간 정도로 기대가 되는 본문이 2도인 경우의 책
   : 초판 1,000부 제작

저자 인세 지급 기준

저자의 인세 지급에 있어서도 A 출판사처럼 초판 및 재판 발행 시 제작한 부수만큼 다음 달 말일에 지급해 주는 곳도 있고 B 출판사처럼 처음 계약금으로 30만원~100만원을 지급한 후 초판 발행 시 초판에 대한 인세는 모두 지급을 하고 초판 2쇄를 발행한 후 초판 3쇄가 발행되면 초판 2쇄 때 제작한 발행 부수만큼의 인세를 지급하는

곳도 있다. 그리고 C 출판사처럼 판매된 부수를 산출하여 6개월 또는 1년 단위로 정산해 주는 곳도 있다.

출판사마다 저자에게 지급하는 인세의 지급 기준이 다르다. 여기서는 다음의 사항을 권장하는 바이다. 이 방법이 출판사와 작가 모두 상생하는 방법이 아닐까 생각한다.

1) 초판 인세는 책 출간일(판권일 기준)의 익월 말일까지 지급한다.
2) 초판 2쇄 이후의 인세는 차쇄(次刷) 발행일의 익월 말일까지 지급한다.
3) 초판 2쇄가 출간된 후 초판 3쇄 발행을 1년이 지나도 하지 않을 경우
   초판 2쇄의 인세를 지급한다.

1인 출판사의 경우 행정업무를 최대한 줄여야 한다. 매달 판매량에 대한 인세 지급은 생산적인 일에 더 많은 시간을 할애해야 하는 1인 출판사 대표에게는 권하고 싶지 않은 방법이다. 하지만 검증되지 않은 작가의 책이 판매가 되지 않을 경우를 대비한다면 다시 생각해 볼 문제이다.

• Power Tip ◄

표지 디자인 비용과 본문 편집 비용에 대하여
표지 디자인 비용과 본문 편집 비용은 작업하는 디자이너의 능력에 따라 천차만별이다. 지금부터 필자가 제시하는 단가는 어떤 방식으로 비용이 책정되는가를 설명하기 위한 가상의 단가임을 밝혀둔다.

표지는 30만원 ~ 150만원 선에서 작업이 이루어지는 것으로 보인다. 시리즈의 경우 1권 책의 디자인 비용으로 100만원을 지불했다면 2권부터는 10만원 정도면 지급하면 된다. 즉 2권 표지 비용 10만원, 3권 표지 비용 10만원씩으로 책정한다. 그 이유

는 1권의 디자인을 그대로 사용하고 색상과 텍스트 정도만 변경하는 조건이기 때문이다. 만약, 2권의 디자인이 모두 변경된다면 100만원을 지급하는 것이 옳다.

본문 편집 비용의 경우 책의 편집이 다 된 페이지 기준으로 책정을 한다. 그리고 1도인 책과 2도인 책, 4도(컬러)인 책의 단가가 다르다.

도수	단가(원)	구분
1도	4,000	검정색
2도	5,000	별색
4도	6,000	컬러

예를 들어 본문이 2도인 224페이지의 신국판 책의 본문 편집 비용을 구한다고 한다면 다음과 같이 산출하면 된다.

224P × 5,000원 = 1,120,000원

03

작가와 계약은
어떻게 할 것인가?

작가와 출판사와의 출판 저작권 계약에 대한 보편적인 계약서 양식은 대한출판문화협회(http://www.kpa21.or.kr)의 [자료실]에서 다운로드 받을 수 있다. 그것을 본인의 출판사 사정에 맞추어 수정을 하면 된다.

규모가 큰 출판사, 규모가 작은 출판사 및 유명작가, 신인작가 등 주어진 환경에 따라 저자의 인세 %는 정말 다양하다. 하지만 대부분 책 가격의 5%~10% 내외로 책정을 하고 있다.

A 출판사처럼 옵션 계약을 하여 초판에 7%를 지급하고 5,001부 이상은 8%, 10,001부 이상은 10%를 지급하는 곳도 있고 B 출판사처럼 초판 및 재판의 발행 부수에 관계없이 7%, 8%, 9% 정도로 하는 곳도 있다.

저자의 인세 지급에 있어서도 A 출판사처럼 초판 및 재판 발행 시 제작한 부수만큼 다음달 말일에 지급해 주는 곳도 있고 B 출판사처럼 처음 계약금으로 30만원~100만원을 지급한 후 초판 발행 시 초판에 대한 인세는 모두 지급을 하고 초판 2쇄를 발행한 후 초판 3쇄가 발행되면 초판 2쇄 때 제작한 발행 부수만큼의 인세를 지급하는 곳도 있다.

[출판 저작권 계약서]를 기초로 작가와 협의하에 계약서를 작성하고 별도의 추가사항이 있다면 계약서의 맨 마지막 부분에 [추가약정사항]을 넣으면 된다.

다음은 [추가약정사항]에 대한 대략적인 내용들을 정리해 보았다.

※ **추가약정사항**

1) 초판 인세는 책 출간일(판권일 기준)의 익월 말일까지 지급한다.

2) 초판 2쇄 이후의 인세는 차쇄(次刷) 발행일의 익월 말일까지 지급한다.

3) 초판 2쇄가 출간된 후 초판 3쇄 발행을 1년이 지나도 하지 않을 경우 초판 2쇄의 인세를 지급한다.

4) 본 계약서 제15조 ②항의 내용을 다시 정리하면 매 발행 부수의 10% 내외에서만 추가 발행한다. 예를 들어 2,200부 발행 시 2,000부의 인세를 지급하고 1,100부 발행 시 1,000부의 인세를 지급한다.

5) 전자책(e-book)으로 판매 시 전자책 개발 비용은 을이 모두 부담한다.

6) 전자책의 인세는 전자책 정가가 아닌 공급가에서 책의 인세와 동일하게 인세를 책정한다.

7) 전자책의 계약서는 갑이 요청할 경우 을은 계약서의 사본을 갑에게 준다.

8) 초판에 한해서만 증정 및 홍보용으로 200부를 추가 제작한다.
   - 초판 1,000부를 제작하는 경우 저자 인세는 800부만 처리한다.
   - 초판 1,200부를 제작하는 경우 저자 인세는 1,000부만 처리한다.
   - 초판 1,500부를 제작하는 경우 저자 인세는 1,300부만 처리한다.

작가와 계약 시 계약서는 2부를 작성하며 서명 날인한 후 1부씩 나누어 가지면 된다.

참고로 작가가 출판권 설정 계약기간이 만료가 된 시점에서 출판권 설정 계약의 해지를 요구하는 경우에는 [출판권 설정 해지 협약서]를 작성하여 내용증명으로 우편 발송을 해 준다. 출판권 설정 해지 협약서 2부를 작성한 후 출판사 대표의 도장을 찍어 보내준다. 그런 다음 작가의 도장이 찍힌 1부를 받으면 된다. **출판권 설정 해지 협약서**(P142)를 참조하면 된다.

04 원고를
어떻게 편집할 것인가?

여기서는 1인 출판사의 입장에서 생각하기로 하겠다.

1인 출판사의 경우 대표자가 편집 디자이너가 아니라고 한다면 본문의 편집이나 표지 작업은 모두 외주 처리를 할 것이다. 외주 처리를 하는 경우에 대해서 알아보자.

책의 본문 디자인은 보통 퀵이나 인디자인이라는 편집디자인 프로그램을 주로 많이 쓰는데 요즘은 인디자인을 더 선호하는 것 같다.

본문 원고의 경우 작가는 한글이나 워드 파일로 작업을 한다. 이것을 본문 작업을 하는 외주 디자이너에게 주면 된다(교정·교열 작업이 필요한 경우 교정자에게 파일 교정을 보게 한 후 넘기는 것이 좋다).

본문 디자이너는 책의 분야, 독자층 등을 염두에 두고 본문 편집 시안을 잡는다. 신간의 경우 본문 시안이 몇 개가 나올 것이다. 본문 시안들을 보고 최종 시안을 선택하면 된다. 이때 가급적 본문 시안을 최대한 많은 사람들에게 보여주고 자문을 받자. 보여주는 사람도 출판사 관련 업종에 종사하는 지인들을 최대한 활용하자. 멀리 있어 갈 수가 없다면 자료를 email로 보내어 자문을 받자. 1번 시안의 특정 부분과 2번 시안의 특정 부분을 섞어도 좋다.

  외주 담당 디자이너가 어느 출판 분야의 편집을 잘 하고 어느 출판 분야의 표지를 잘하는가를 파악하고 잘 하는 곳으로 일처리를 하자. 내 돈이 나가는 일이므로 냉정할 때는 냉정하게 처리를 하자. 디자인이 마음에 안 드는 경우 시안비만 주고 다른 사람에게 맡기는 경우도 발생할 수 있다. 디자이너에게 최대한 상처를 주지 않도록 일처리를 해야 한다. 시안 비는 보통 작업비의 10%~20%선에서 책정해주면 된다.

  본문 시안이 정해지면 본문 디자이너는 그 시안대로 전체 내용을 디자인할 것이다.
  본문 디자인이 다 되면 출력해 보는데 이것을 1차 교정지라고 부른다. 1차 교정지는 책의 특성에 따라 작가에게 먼저 맡기는 경우도 있고 교정 및 교열 외주 작업자에게 맡기는 경우도 있다.
  1차 교정을 본 후 1차 교정지를 본문 디자이너에게 주면 본문 디자이너는 1차 교정지를 보고 수정작업을 해서 2차 교정지를 출력한다. 2차 교정지도 마찬가지로 본문의 교정 및 교열 작업을 통해 3차 교정지가 된다.

1차, 2차, 3차까지 최소 3번 정도는 교정·교열을 보는 것을 원칙으로 본문의 편집디자인 작업을 진행하자.

필자는 창업 초기에 디자이너는 본문과 표지의 디자인을 모두 잘하는 줄 알았다.

시행착오를 거치면서 터득한 결론은 다음과 같다.

- 본문 작업을 잘하는 디자이너가 있고 표지 작업만 잘하는 디자이너가 있다.
- 본문 작업도 단행본 편집을 잘하는 사람, 외국어 편집을 잘하는 사람, 교재 편집을 잘하는 사람으로 구분이 된다.
- 표지도 마찬가지이다. 출판 분야에 따라 잘하는 부분이 모두 다르다.
- 1차 교정지의 수정 내용이 2차 교정지에 잘 반영되었는지 제대로 고쳐졌는지 꼭 확인을 해야 한다.
- 최종본은 꼭 출력물과 PDF 파일을 확인한 후 출력소에 출력을 의뢰한다.
- 본문이 2도인 경우 별색 DIC 번호를 인쇄소에 잘 전달한다.
- 까다로운 표지의 경우 교정지를 인쇄소에 넘겨주고 색상을 참고하도록 전달한다.
- 출력을 보낸 뒤 CTP 판으로 제작하기 전에 만들어지는 교정용 변환 파일을 다시 한 번 더 확인한다(거래하는 출력소 웹하드에서 바로 다운로드 받을 수 있도록 하자).

외주 디자인 비용 처리는 어떻게 하면 좋은가?

디자인 비용의 단가표를 만들어 두자. 그리고 그 단가에 맞는 디자이너를 찾는 번거
러움을 즐기자. 너무 과도한 비용 처리는 위험에 빠질 수 있다. 디자인이 좋다고 책이
잘나가는 것은 아닌 것 같다. 그래도 어느 정도 수준이 되어야 한다는 것은 기본이다.
작업비의 결재는 합의된 날짜에 정확하게 처리를 하자. 때론 금액이 큰 경우 사전에
의논을 하여 지불 시기를 조정하도록 하자. 그리고 한 번 작업을 한 디자이너와는 가
능하면 최대한 의리를 지키도록 하자. 내가 의리를 지켜야 상대방도 의리를 지킨다는
사실을 기억하자.

05 표지 디자인 작업의
진행 노하우

　　　　　표지 디자인의 경우 외주 디자이너에게 표지 작업
에 필요한 자료들을 최대한 제공하자. 제목을 캘리그라피(붓글씨)로
작업한다면 캘리그라피 작업자에게 미리 작업을 의뢰하여 준비해
두자. 그리고 [표 1]에 들어갈 문구도 정해주자.

　표지 디자인의 경우 [표 1] 시안을 먼저 정한다.

　필자의 경험으로 너무 많은 표지 시안은 선택에 어려움이 있으므
로 2개~3개 정도가 적당한 것 같다. 표지 디자이너에게 최소한 2개
~3개 정도의 표지 시안을 요청하자.

　[표 1]이 정해지면 [표 4]에 들어갈 문구를 정하고 앞날개, 뒷날개
에 들어갈 문구를 정해주자.

　보통 앞 날개에 작가 프로필이 들어가고 뒤 날개에는 문구나 기존
에 나와 있는 책들의 홍보 사진과 문구가 들어간다. 출판사마다 다른
데 이상의 내용을 반대로 진행하기도 한다.

다음은 실제로 필자가 진행한 책의 표지이다. 이 표지를 결정하고 최종적으로 결과물을 만들어 내는 과정을 관련 자료들을 바탕으로 설명해 보겠다.

1. 디자이너에게 표지에 들어갈 관련 텍스트와 이미지 자료들을 모두 제공해주고 다음과 같은 표지 시안들을 받았다. 보통 2~3개 정도 받는데 이 경우에는 예외였다.

▲최초 표지 시안들

2. 처음 받은 표지 시안 5개 중 하단의 2개가 마음에 들어서 2개 중 하나를 선택하려고 했다. 두 번째 시안으로 온 표지는 다음과 같이 4개가 왔다.

▲두 번째 받은 표지 시안들

3. 4개의 표지 시안 중 왼쪽 상단의 스타일로 결정을 했다. 이제는 표지의 전체 색상을 선택하면 되었다. 다음의 3가지 색상으로 작업된 시안을 받았다.

▲세 번째 받은 표지 시안들

4. 3개의 표지 시안 중 중간 것을 선택했다. [표 1]의 색상 결정이 된 것이다. 이제는 텍스트의 위치를 결정해야 하는데 다음의 3가지 시안을 다시 받았다. 여기서 가운데 표지로 [표 1]을 선택했다.

▲네 번째 받은 표지 시안들

5. 선택한 [표 1]을 가지고 [표 4], 그리고 날개 부분의 디자인을 결정하면 된다. 표지의 전체적인 모습이 나왔으면 계속적인 보완 작업

을 통해 다음과 같이 최종 표지를 만들면 된다. 이때 표지의 바코드와 ISBN도 발급받아서 넣도록 한다. 물론 책의 가격도 넣어야 한다.

▲최종 표지의 펼친 면

디자이너와 작가들을 이해시키자.

1인 출판사는 자금력이 너무나 취약하다. 그래서 한 권의 책을 만들 때 최소의 비용으로 만들어야 한다. 왜냐하면 공을 들여 만들었는데 전혀 반응이 없을 수도 있기 때문이다. 그렇다고 종수 늘리기에 급급하여 수준 이하의 책을 만들면 독자들에게 외면받는다.

1인 출판사의 목표는 품질 좋은 책을 저비용으로 만드는데 초점을 잡아야 한다. 즉 실력 있는 디자이너에게 출판사가 자리 잡는 동안만이라도 특별히 금액을 좀 낮게 책정해 달라고 하든지, 작가에게 작가가 받아들일 수 있는 선에서의 인세로 계약을 하자. 초창기에 서로 도우며 함께 한 작업자들에게 출판사가 자리 잡히면 다시 돌려주겠다는 마음가짐이 필요하다.

06 첫 책이 나올 무렵 해야 할 업무들

첫 책이 나올 무렵 해야 하는 업무에 대하여 알아보겠다. 다음의 사항들을 결정하고 처리해야 한다.

- 서점(온/오프라인), 대형 도매 거래처는 몇 곳으로 할 것인가?
- 물류업체와의 계약은 어떻게 할 것인가?
- 신간 보도자료 작성은 어떻게 할 것인가?

여기서 신간 보도자료 작성과 물류업체와의 계약은 미리 해둘 수가 있다. 가장 중요한 서점과의 거래는 책이 나와야 가능하다. 자 그럼 하나씩 알아보겠다.

6-1. 서점(온/오프라인), 대형 도매 거래처는 몇 곳으로 할 것인가?

1인 출판사는 처음부터 많은 거래처가 필요하지 않다. 처음에는 온라인 서점 위주로 가는 전략을 세우자. 통계에 따르면 전체 인구의 70%가 온라인 서점(온라인 서점을 가지고 있는 대형서점 포함)을 이용하여 책을 구매한다. 나머지 30%를 위하여 지방 출장, 매장 관리를 할 필요는 없다고 본다. 그 30%는 대형 도매상과 계약하여 대형 도매상에서 책을 판매하도록 하자.

　필자의 경우 제일 먼저 Yes24, 교보문고 온(오프)라인, 알라딘, 인터파크, 영풍문고 온(오프)라인, 서울문고(반디앤루니스) 온(오프)라인과 계약했다. 교보문고와 영풍문고, 서울문고(반디앤루니스)는 온라인과 오프라인을 별도로 운영하므로 각각 계약을 해야 한다. 신간이 3종 정도 될 무렵 대형 도매상 1곳과 계약했다. 그리고 신간 7종이 되는 시점에 대형 도매상 1곳과 추가로 더 계약을 했다.

　대형 도매상에 따라 다르겠지만 신간 1종으로 계약을 해주는 곳도 있지만 2종이나 3종 정도가 되어야 계약을 해주는 곳도 있다. 처음에는 온라인 위주로 계약을 하고 대형 도매상 1곳 또는 2곳과 계약하자. 그런 다음 자리가 좀 잡히면 지역별 거점 서점을 1곳씩 두고 거래를 하자. 부산의 경우 OO서점, 대구의 경우 OO서점, 광주의 경우 OO서점으로 말이다.

　온라인 서점은 결제가 좋다. 100만원 미만은 현금으로 지급한다. 보통 전월 1일 ~ 30일 사이에 출고된 도서의 경우 당월 10일이나 15일 또는 20일에 결제를 해준다. 대형 도매상의 경우도 100만원 미만은 현금으로 지급한다. 책의 종수와 입고 부수에 따라서 다르겠지만 첫 신간을 넣은 후 최소 2~3개월 후부터 결제를 받을 수 있다.

출판사가 온라인이나 오프라인 서점 이외에 책을 판매할 수 있는 곳에 대하여 알아보겠다.

▶대형 도매상 : 북센, 북플러스(구, 동국출판유통), 송인은 홈페이지를 참고하거나 전화를 해서 거래 문의를 한다. 일반 위탁 거래와 일원화 계약이 있다.

일반 위탁 거래는 말 그대로 책을 위탁하여 거래처에 책을 배본해 주고 월 수금을 하는 것이고, 일원화는 다른 도매상이나 직거래 서점 거래 없이 그쪽 창구를 통해서만 책을 유통하는 것을 말한다. 중대형 서점은 직거래를 하고 나머지는 일원화를 하는 경우도 있고, 옵션이 여러 가지 있다. 자신에게 어느 것이 맞는지 사전에 잘 알아보고 적당한 것을 선택하면 된다.

▶마트벤더 : 이마트, 롯데마트, 홈플러스 등에 책을 공급하는 마트 벤더들은 책 1 ~ 2종으로는 거래가 거의 힘들다고 봐야 한다. 물론 담당자 등과 친분 관계가 있거나 시장에서 알려진 책이라면 상관없지만. 이런 곳이 있다는 것만 알아두고 책 종류가 많아지면 거래 상담을 지속적으로 한다.

▶총판 : 주로 지역별로 총판들이 있다(책 분야마다 조금씩 다르다. 참고서 등은 여전히 총판의 위력이 크다). 1인 출판사가 당장 거래를 할 필요는 없지만 추후 종수가 많아지면 지역 총판을 거래하도록 하자.

6-2. 물류업체와의 계약은 어떻게 할 것인가?

크고 잘나가는 물류 회사도 많다. 하지만 내 규모에 맞는 물류업체
를 선정하는 것이 비용의 절감과 원활한 업무 처리에 도움이 된다. 참
고로 물류업체는 도서를 보관도 하고 바로 배본도 할 수 있는 곳으로
선정을 하자.

필자의 경우 출판사에서 제작 업무를 담당했기 때문에 물류 관련
업무를 조금 경험했다. 처음부터 크고 시설이 좋은 곳과 거래를 하
면 얼마나 좋겠는가? 첫 번째가 비용적인 문제이고 두 번째가 내가
원하는 것이 잘 전달이 안된다는 문제가 있다. 된다고 하더라도 좀
늦게 이루어졌다. 회사의 규모가 클수록 어쩔 수 없는 일이다.

1인 출판사의 경우 일단 비용을 절약해야 하므로 출판사 규모에 맞
는 물류업체를 선정하는 것이 좋다.

물류업체와의 계약은 신간이 나오기 1주일 정도 전에 하면 되는데
그 전에 몇 군데의 견적을 받아보고 비교를 하자. 이때 주목할 점은

본인이 만드는 책의 성격이다. 순환이 좋은 책인지 그렇지 않은지를 파악한다.

다음의 자료를 가지고 견적서를 검토하자.

- 물류업체마다 견적서가 다르겠지만 책 1부의 보관료가 10원인 곳이 있고 20원인 곳도 있다.
- 물류비용의 기본 금액이 30만원인 곳이 있고 20만원인 곳도 있다.
- 자체 프로그램을 사용하는 곳이 있는가 하면 외주 물류 프로그램을 사용하고 별도의 비용이 발생하는 곳도 있다.

[물류회사 견적서 샘플]

구분		부수	단가	금액	부가세
배본	기본료	1,000	–	150,000	
	시내추가	–	100	–	
	지방출고	5	110	550	
	택배출고	29	50	1,450	
	택배(小)	4	3,500	14,000	
	택배(大)	–	4,500	–	
반품	시내	3	200	600	
	지방	1	1,500	1,500	
	택배	1	3,500	3,500	
	반품해체	12	60	720	
기타	재생비	–	150	–	
	래핑비	–	200	–	
	종당관리	23	1,000	23,000	
보관	총재고	3,521	20	70,420	
합계				265,740	26,574

이 정도만 잘 살핀다면 본인의 출판사와 맞는 물류업체를 선정할 수 있을 것이다.

좀 더 쉽게 물류업체와 계약하고 싶다면 주변 지인들의 도움이나 1인 출판사를 경영하는 분들에게 자문을 구하면 도움이 될 것이다.

6-3. 신간 보도자료 작성은 어떻게 할 것인가?

신간이 나올 무렵 [신간 보도자료]를 준비해야 한다.

[신간 보도자료]에는 도서명, 가격, 판형과 책 사이즈, 페이지, 출간일, ISBN, 책 소개, 목차, 저자 약력, 출판사 서평, 도서 이미지 등이 있어야 한다.

[신간 보도자료]는 최대한 정성을 들여 만들어야 한다. 책이 출간될 시점에 이 자료를 온라인 서점 신간 담당자에게 보내면 신간 담당자는 이것을 자체 편집한 후 홈페이지에 올리기 때문이다(서점 계약 시 신간 담당자의 email 주소를 알려준다). 출판사에서 많은 정보를 주면 좋다. 그러면 서점의 신간 담당자가 필요한 정보를 편집한 후 홈페이지에 올려준다.

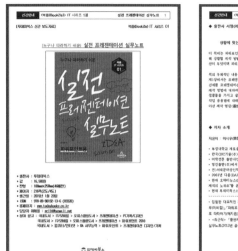
▲책 표지와 관련정보 소개 화면

▲출판사 서평과 저자 소개 화면

▲도서의 목차 화면01

▲도서의 목차 화면02

인터넷 팩스 가입법

1인 출판사의 경우 사무실 팩스를 인터넷 팩스로 신청해 두면 좋다. 외근 시 스마트폰으로 팩스가 들어온 것을 즉시 확인 가능해서 일처리를 빨리할 수 있다. 그리고 중요한 자료는 이미지 파일로 저장 가능하다. 스마트폰에 해당 서비스 업체의 어플(스마트폰 어플리케이션)을 설치 후 사용 가능하다.

먼저 인터넷 팩스 서비스 업체에 가입을 한 후 사용 가능하다. 팩스 전용인 전화번호가 발급된다. 팩스의 수신 양에 따라 적당한 요금제를 신청한다.

▲스마트폰에서 본 인터넷 팩스 화면 1

▲스마트폰에서 본 인터넷 팩스 화면 2

◀인터넷으로 접속한 경우의
인터넷 팩스 화면

인터넷 팩스 서비스 업체

- 엔팩스 : http://enfax.co.kr
- SK브로드밴드 : http://www.sktbroadband.com
- 넷샷팩스 : http://www.netshot.co.kr
- 오케이문자 : http://www.okmunja.co.kr
- 하나팩스 : http://www.hanafax.com
- 뿌리오 : http://www.ppurio.com
- SMS17 : http://www.sms17.com
- 문자세상 : http://www.sms010.co.kr

서점 〈신규 거래〉에 필요한 서류 목록

서점과 거래를 하려면 최소 1종 또는 2종의 책이 있어야 한다.

교보문고의 경우 교보문고 사이트 아래 〈출판관계자〉라는 항목을 클릭하면 자세하게 안내되어 있다. 거래할 때는 사업자등록증과 인감, 결제 통장 사본 등이 필요하다. 서점마다 조금씩 다르겠지만 다음의 서류들이 기본적으로 필요한 목록들이다. 서점과 계약을 하려면 담당자와 사전에 시간 약속을 해서 방문해야만 한다.

서점 신규 거래에 필요한 공통적인 서류 목록들

1. 사업자등록증 사본 1부
2. 인감증명서 1부
3. 인감도장
4. 통장 사본 1부
5. 전자결제 은행 가입확인서(전자어음) 1부

6. 견본도서 1부

7. 보도자료 1부

8. 거래약정서 2부 : 서점 자체 양식(서점에서 보내준다)

9. 신간 예정도서 목록 1부

10. 물류 계약서 사본 : 최근 추가됨

여기서 사업자등록증과 통장은 복사를 하면 되고 인감증명서는 동사무소에서 발급받고 전자결제 은행 가입확인서는 거래하는 주거래 은행에서 발급받으면 된다.

거래약정서는 서점의 자체 양식들이 있으므로 email로 받거나 다운로드 하면 된다.

다음은 필자가 처음 계약할 때 당시 각 업체별로 준비한 서류목록이다. 참고만 하기 바란다.

교보문고 계약 시 준비 서류

1. 사업자등록증 사본 1부   2. 인감증명서 1부   3. 인감도장

4. 통장사본(국민, 제일, 신한 중 택 1)   5. 견본도서 1부

6. 보도자료 1부   7. 거래약정서 2부 / 기타 등(인터넷 다운로드)

8. 전자결제 은행 가입확인서(전자어음) – 사본 1부

영풍문고 계약 시 준비 서류

1. 사업자등록증 사본 1부   2. 결제계좌 통장 사본 1부(모든 은행가능)

3. 인감증명서 1부   4. 전자결제 신청 후 입금계좌신고서 사본 1부

5. 인감도장(인감증명서와 동일한 도장)

6. 전자계산서(SMILE EDI) 가입 후 로그인 화면을 캡쳐해서 출력 1부

반디앤루니스(서울문고) 계약 시 준비 서류

1. 사업자등록증 사본 2부   2. 인감증명서 2부   3. 인감도장
4. 통장사본 1부   5. 전자거래신고서 사본 1부
6. 도서목록, 견본도서 1권(대표 도서 또는 신간 도서)

Yes 24 계약 시 준비 서류

1. 사업자등록증 사본 1부   2. 통장사본 1부   3. 인감증명서 1부
4. 인감도장   5. 견본도서 1부   6. 보도자료 1부

인터파크 계약 시 준비 서류

1. 사업자등록증 1부   2. 통장사본 1부   3. 인감증명서 1부
4. 인감도장   5. 인터파크 ID (인터파크에 가입된 ID)

알라딘 계약 시 준비 서류

1. 알라딘 홈페이지에서 인터넷으로 접수 후 진행하면 된다.

북센 계약 시 준비 서류

1. 북센 홈페이지(www.booxen.co.kr) 게시판에 있음.

Power Tip ◄

신간 예정도서 목록

이 목록을 요구하는 곳도 있다. 다음과 같이 작성하면 된다.

[신간 예정도서 목록]

분야	NO	도서명	출간 예상일
북즐 (BookZle) 시리즈	1	출판 **기획** 실무노트	201*년 **월 **일
	2	출판 **편집** 실무노트	201*년 **월 **일
	3	출판 **제작** 실무노트	201*년 **월 **일
	4	출판 **디자인** 실무노트	201*년 **월 **일
	5	출판 **마케팅** 실무노트	201*년 **월 **일
	6	출판 **제작(편집,디자인)** Q&A 모음집	201*년 **월 **일
청소년 시리즈	7	청소년을 위한 위대한 일화의 재발견	201*년 **월 **일
	8	행복과 성공에 이르는 소통론	201*년 **월 **일
	9	청소년을 위한 30인의 위대한 유산	201*년 **월 **일
	10	청소년을 위한 위대한 명언의 재발견	201*년 **월 **일
한자	11	박원길의 **고사성어 암기박사**	201*년 **월 **일

08 **거래원장**을 이용한 장부대조

지난달 매출액에 대한 거래원장을 확인하는 장부대조 방법에 대하여 알아본다.

한 달간 발생한 매출액에 대해서 출판사가 거래원장을 만들어 서점으로 보내준 후 장부대조를 하는 경우도 있고 서점의 SCM으로 들어가 장부대조를 확인하는 경우도 있다. 그리고 서점에서 매출액에 대한 전자계산서를 역발행하는 경우도 있다.

인터파크의 경우 출판사가 거래원장을 만들어 팩스나 이메일로 발송한다. 그 거래원장을 가지고 장부대조를 한다. 예스24, 알라딘의 경우 SCM에서 확인한 후 이상이 없으면 그곳에서 장부대조 확인을 하면 된다. 교보문고, 영풍문고, 서울문고(반디앤루니스)의 경우 전자계산서를 역발행한다.

온라인 서점의 경우 당월에 발생한 매출액의 100%가 수금액으로 이어지지만 오프라인 서점의 경우에는 위탁 판매이므로 매출액과 수금액은 다르다. 위탁 판매이므로 책을 공급한 후 책이 판매가 되면 판매된 부분에 대해서만 결제를 받을 수 있다.

매달 1일에서 4일 안에 거래원장으로 장부대조를 해서 이상이 없어야 전자계산서를 발행할 수 있고 매달 10일 또는 15일에 결제를 받을 수 있다. 만약 그 시기를 놓친다면 다음 달로 이월이 된다. 매달 장부대조를 해서 수금이 잘 되도록 체크하자.

다음은 장부대조에 사용되는 거래원장 샘플 화면이다. 참고하여 본인 출판사의 [거래원장]을 만들어 보자(거래하는 물류 회사의 전산에 나오는 판매데이터를 엑셀로 변화해서 기초자료로 사용하자).

인터파크 INT		<거래 원장>			20**년 07월01일~07월31일			
공급자	등록번호	***-**-*****			작성일 :	20**-07-30		
	상호	투데이북스	성 명	이*우				
	사업장주소	서울시 성북구 *** ** *** *-***						
	업 태	제조, 도소매	종 목	출판, 서적				
	전 화	070-7136-****	팩 스	02-6937-***				
날짜	구분	도서명	부수	매출	반품	입금	잔고조정	잔액
		이월잔액		9,999,120	-49,500	-9,949,620	0	0
2015-01-02	매출	(초은 풍운자를 위한) 칼리그라피 실천 Advance	2	22,200	0	0	0	22,200
2015-01-02	매출	출판마케팅 실전전략서	1	8,700	0	0	0	30,900
2015-01-05	매출	(NGO에서 UN까지) 탈걸음이 세계를 넓다	1	7,500	0	0	0	38,400
2015-01-07	매출	박회팀의 고사성어 암기박사	1	11,400	0	0	0	49,800
2015-01-08	매출	(NGO에서 UN까지) 탈걸음이 세계를 넓다	1	7,500	0	0	0	57,300
2015-01-08	매출	박회팀의 고사성어 암기박사	2	22,800	0	0	0	80,100
2015-01-09	매출	(NGO에서 UN까지) 탈걸음이 세계를 넓다	1	7,500	0	0	0	87,600
2015-01-12	매출	(NGO에서 UN까지) 탈걸음이 세계를 넓다	1	7,500	0	0	0	95,100
2015-01-12	매출	(초은 풍운자를 위한) 칼리그라피 실천 Advance	2	22,200	0	0	0	117,300
2015-01-12	매출	1인 출판사 창업 실무노트	1	12,000	0	0	0	129,300
2015-01-14	매출	(NGO에서 UN까지) 탈걸음이 세계를 넓다	5	37,500	0	0	0	166,800
2015-01-19	매출	실전 프레젠테이션 실무노트	1	9,900	0	0	0	176,700
2015-01-21	매출	(NGO에서 UN까지) 탈걸음이 세계를 넓다	1	7,500	0	0	0	184,200
2015-01-22	매출	(NGO에서 UN까지) 탈걸음이 세계를 넓다	2	15,000	0	0	0	199,200
2015-01-22	매출	(초은 풍운자를 위한) 칼리그라피 실천 Advance	2	22,200	0	0	0	221,400
2015-01-22	매출	출판 제작에편집 디자인 Q&A 모음집	1	7,200	0	0	0	228,600
2015-01-26	매출	실전 프레젠테이션 실무노트	1	9,900	0	0	0	238,500
2015-01-27	매출	칼리그라피 실무노트	1	9,900	0	0	0	248,400
2015-01-29	매출	실전 프레젠테이션 실무노트	2	19,800	0	0	0	268,200
2015-01-30	매출	(초은 풍운자를 위한) 칼리그라피 실천 Advance	1	11,100	0	0	0	279,300
2015-01-30	매출	출판 디자인 실무노트	1	10,200	0	0	0	289,500
		2015년 01월 소계		289,500	0	0	0	289,500
		소계		289,500	0	0	0	289,500

▲거래원장 샘플 화면

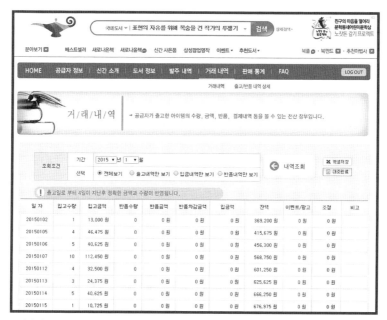

▲알라딘 SCM을 통한 거래내역 조회화면

▲Yes24 SCM을 통한 거래내역 조회화면

전자계산서
발행

09

거래원장으로 장부대조를 했다면 그 금액만큼 전자계산서를 발행해야 한다. 그렇게 해야만 결제를 받을 수 있다(참고로 서점의 결제일은 보통 10일, 15일 등으로 되어 있다. 즉 지난 달 1일부터 30일까지의 거래에 대한 장부대조를 정해진 기간 안에 끝내고 전자계산서를 발행해야만 이번 달에 결제를 받을 수 있는 것이다).

거래하는 서점에 전자계산서를 발행하거나 역발행(서점에서 출판사로 발행) 받으려면 어떻게 하는가?

1. 공인인증서 발급받기
2. 전자계산서 발행업체에 가입하기

이상의 2가지를 해야만 된다. 먼저 한국전자인증에서 공인인증서를 발급받고 전자계산서 발행업체에 가입하여 전자계산서를 발행하는 방법에 대하여 알아보겠다.

9-1. 공인인증서 발급받기

여기서는 한국전자인증(http://www.crosscert.com)에서 공인인증서를 발급받는 방법에 대하여 알아본다. 은행거래를 위하여 발급받는 공인인증서 이외에 사업용으로 필요한 공인인증서이다. 공인인증서 신청 시 필요한 구비서류는 한국전자인증 홈페이지에서 확인 가능하다.

▲한국전자인증 초기화면

공인인증서 신청 시 필요한 구비서류를 정리하면 다음과 같다.

대표자 본인 신청 및 신원확인 시	위임인 신청 및 신원확인 시
1. 공인인증서비스 신규 신청서 2. 대면확인서 3. 사업자등록증 사본 1부 4. 개인/법인 인감증명서 원본 1부 　(최근 6개월 이내 발급) 5. 대표자 신분증 앞/뒤 사본 1부(원본 　지참)	1. 공인인증서비스 신규 신청서(위임장 　작성) 2. 대면확인서 3. 사업자등록증 사본 1부 4. 개인/법인 인감증명서 원본 1부 　(최근 6개월 이내 발급) 5. 대표자 신분증 앞/뒤 사본 1부(원본 　지참)

■ 신청서에는 반드시 법인(개인) 인감증명서와 동일한 인감을 날인하여야 한다.
■ 대표자 2인 이상 – 법인 등기부등본 제출(최근 3개월 이내, 제출용 원본)
　▶공동대표 표기 시 – 공동 대표자 모두의 인감 날인이 되어 있는 신청서와 인감증명서
　▶각자대표 표기 시 – 신청하는 대표의 인감이 날인 되어 있는 신청서와 인감증명서
■ 내국법인 국내지점 – 법인 등기부등본 제출(최근 3개월 이내, 제출용 원본)
　▶등기부에 등재되지 않은 지점법인은 설치 사실을 확인하기 위해 대표이사의 승인을 얻은 서류(공문, 인감/직인 날인) 원본으로 대체
■ 사용인감을 신청서에 날인하실 경우 사용인감계를 추가 제출하여야 한다(법인사업자만 해당).

※ 공인인증서 유의사항
▶공인인증서 발급은 인증서 구비서류 확인 및 등록일로부터 14일 안에 발급해야 하며 기간초과 시 구비서류를 다시 제출하여야 한다.
▶공인인증서 발급 시 비밀번호(8자리 이상)는 한국전자인증에서 확인이 불가능하므로 주의하기 바란다.
▶PC 포맷 시 인증서도 동시에 삭제되므로 USB 메모리에서 안전하게 사용하기 바란다.

※ 공인인증서 사용처
▶조달청(전자입찰), 4대 보험(EDI), 국세청, 홈쇼핑(전자세금계산서), 전자계약, 인터넷뱅킹 등 인증서를 사용하는 모든 공공기관.

9-2. 전자계산서 발행업체에 가입하기

여기서는 전자계산서 발행업체 중 스마일 EDI(http://www.smileedi.com)를 소개한다. 스마일 EDI에 가입을 한 후 이용이 가능한데 월 11,000원(부가세 포함)의 비용이 발생한다.

스마일 EDI를 이용하면 거래한 서점에 세금계산서를 발행할 수 있는데 출판사를 면세사업자로 한 경우 세금계산서가 아닌 계산서를 발행해야 한다. 즉 **전자계산서를 발행해야 한다.**

스마일 EDI를 통해서 전자계산서를 발행하는 방법에 대해서 알아보겠다.

▲스마일 EDI 초기화면

스마일 EDI로 접속을 해서 로그인을 한다. [전자세금계산서] - [세금계산서 발행] 메뉴를 선택한다. 그러면 같은 화면이 나타나는데 여기서 [세금계산서]가 아닌 [계산서]를 선택한 후 전자계산서를 발행해야한다.

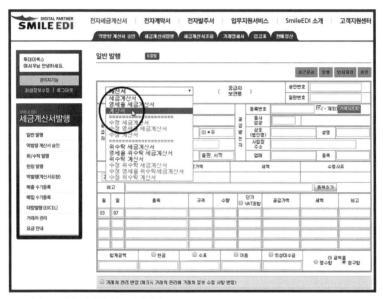

▲스마일 EDI에서 [계산서] 항목 선택화면

[계산서] 항목을 선택한 후 계산서를 발행할 서점의 사업자등록번호를 입력한 후 [거래처조회]를 선택하면 상호, 대표자, 업태, 종목이 자동으로 나타난다. 정보가 일치한다면 선택해 주면 된다. 그런 다음 품목과 공급가액, 전자계산서를 받을 서점의 이메일 주소를 입력하면 된다.

모든 입력이 완료되었으면 [발행] 버튼을 선택하여 전자계산서를 발행하면 된다.

결제로 받은 전자어음을 확인하고 배서하는 방법

거래하는 서점에서 전월 결제분으로 전자어음을 받은 경우 전자어음 약정이 되어 있는 주거래은행 홈페이지로 들어간다. 은행에 따라 메뉴가 다르겠지만 여기서는 신한은행을 기준으로 설명한다.

신한은행 홈페이지 초기화면에서 로그인을 [기업뱅킹]으로 해야 한다. [개인뱅킹]만 가입이 되어 있고 [기업뱅킹]에 가입이 안 되어 있다면 사업자등록증 사본과 신분증, 통장, 통장에 찍힌 도장을 가지고 해당은행에 가서 [기업뱅킹]을 신청하고 OTP카드 (수수료 5,000원)를 받아 오자.

[기업뱅킹]으로 로그인한 후 [전자결재]에서 [판매기업] 메뉴를 선택한다.

배서할 전자어음을 선택한 후 은행에서 제공하는 절차에 따라 진행해 주면 된다. 신한은행의 경우 배서를 받을 대표자의 주민등록번호를 입력해야 한다. 배서할 어음을 받을 거래처 대표자의 주민등록번호를 파악해 두자.

10 소득세를 신고하고 납부하는 방법

작가에게 인세를 지급할 경우나 외주 작업자에게 비용을 지급할 경우 원천징수를 해야 비용으로 인정이 된다. 예를 들어 1년에 매출이 1,000만원인 출판사가 있다고 하자. 그러면 매출에 비하여 매입 자료는 45%~55% 정도가 필요하다. 즉 매출 세금계산서를 1,000만원 정도 받았다면 매입 세금계산서는 450만원에서 550만원 정도가 있어야 된다는 것이다. 매출 세금계산서 대비 매입 세금계산서를 부가율이라고 부르는데 이 부가율이 45%~55% 정도 되어야 한다(그렇게 해야 세금이 적게 나온다).

더 간단하게 설명을 하자면 1년에 매출이 1,000만원 정도이면 최소한 매입 세금계산서는 450만원에서 550만원 정도는 가지고 있어야 국세청에서 적당한 부가율로 인정을 해주는 것이다. 나머지는 원천징수나 직원들의 급여, 회사를 운영하면서 사용된 영수증 등으로 증명을 해야 한다. 그러므로 원천징수를 하지 않으면 비용으로 인정을 받을 수 없는 것이다.

작가에게 계약금을 준 경우 원천징수(출판사가 소득금액에서 3.3%를 차감한 후 매달 10일 전에 처리)는 작가에게 줄 최종 금액이 나오면 함께 처리하면 된다.

작가에게 지급할 금액에서 차감한 3.3% 중 3%는 소득세로 납부를 하고 0.3%는 주민세로 납부를 한다. **소득세는 국세여서 국세청 홈택스(http://www.hometax.go.kr)를 이용하여 납부를 하고 주민세는 지방세여서 행정자치부 지방세 포털인 위택스(www.wetax.go.kr)를 이용하여 납부하면 된다.**

홈택스에서 소득세 신고 시 꼭 체크를 해야 하는 부분은 **[소득종류 선택]에서 [사업소득] 부분**을 선택해야 한다.

▲[소득종류선택]에서 [사업소득] 부분 선택화면

홈택스에서 소득세를 신고하고 납부하는 방법은 투데이북스 홈페이지
자료실에서 별도의 PDF 자료를 다운로드해서 보면 된다(홈택스 화면
이 업그레이드가 되거나 변동이 생길 수 있으므로 변동될 때마다 업그
레이드 버전을 제공하려고 한다).

주민세를 신고하고 납부하는 방법

행정자치부 지방세 포털인 위택스(http://www.wetax.go.kr)를 이용하여 주민세(0.3%)를 납부하는 방법에 대하여 알아보겠다(물론 행정자치부 지방세 포털인 위택스에 가입한 후 이용이 가능하다).

▲[지방소득세]에서 [특별징수] 부분 선택화면

위택스에서 주민세를 신고 시 꼭 참고할 점은 **[지방소득세]**에서 **[특별징수]** 부분을 선택해야 한다.

• **Power Tip** ◄───

사업자용 [현금영수증카드]를 발급받자

출판사를 운영하다 보면 신용카드(또는 체크카드)가 아닌 현금으로 비용 처리를 하는 경우가 있다. 이때 현금으로 처리되는 부분에 대하여 비용으로 인증을 받고 싶다면 국세청 홈택스(http://www.taxsave.go.kr)에 접속하여 사업자용 [현금영수증카드]를 발급받자. [신청/제출] 메뉴의 [현금영수증전용카드 신청]에서 신청하면 된다. 회원 가입이 안되어 있다면 먼저 회원 가입을 해야 하며 공인인증서로도 접속할 수 있다.

▲[신청/제출] 메뉴에서 [현금영수증전용카드 신청] 선택화면

• Power Tip

사업용 신용카드를 등록하자

사업을 하다 보면 현금 보다는 신용카드를 더 많이 사용하게 된다. 이렇게 사업의 목적으로 사용한 신용카드를 등록하는 방법에 대해서 알아본다.

국세청 홈택스(http://www.taxsave.go.kr)에 접속한 후 [조회/발급] 메뉴에서 [사업용 신용카드] - [사업용 신용카드 등록]을 선택한다. 사업자등록번호를 선택한 후 사업용 신용카드 번호를 입력해 준다. 최대 50개까지 입력이 가능하다.

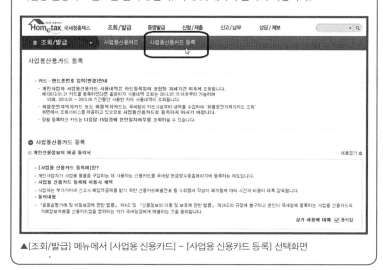

▲[조회/발급] 메뉴에서 [사업용 신용카드] - [사업용 신용카드 등록] 선택화면

위택스에서 주민세를 신고하고 납부하는 방법은 투데이북스 홈페이지 자료실에서 별도의 PDF 자료를 다운로드해서 보면 된다(위택스 화면이 업그레이드가 되거나 변동이 생길 수 있으므로 변동될 때마다 업그레이드 버전을 제공하려고 한다).

Part 03

1인 출판사를 위한
출판 마케팅

기획한 책의
시장조사는 필수

01

시장을 정확하게 파악하자

책을 기획하는 과정에서 시장조사를 하게 된다. 시장조사를 하는 첫 번째 목적은 과연 이 책을 만들어도 되는가(출간 의뢰를 받은 경우)이며 두 번째는 책이 어느 정도나 팔릴 수 있을지 가늠해 보는 것이다. 시장조사를 통해 기획을 더욱 구체적으로 하게 되고 마케팅의 방향을 잡을 수 있다.

기획한 책을 출판하기로 최종 결정이 되었다면 보통 출판사에서는 신간 도서의 시장조사를 다음의 단계로 진행한다.

◆ **1단계** : 유사하거나 동일한 도서의 종수를 파악한다.

◆ **2단계** : 이 중 판매가 잘되고 있는 책들의 목록을 뽑는다.

 – 온라인 서점의 판매지수, 오프라인 서점 담당자나 해당 출판사 담당자 인터뷰 등의 방법으로 정보를 수집한다.

- 시장조사 중 판매수치가 낮다고 판단이 된다면 〈신간〉 출간을 보류 또는 포기하자는 결론을 얻을 수도 있다.
◆ **3단계 :** 5권~10권 정도로 목록을 뽑은 후 관련 도서들을 모두 구입하여 내용을 분석한다.
- 이 작업은 〈신간〉 기획 담당자가 해주면 더 좋다.
◆ **4단계 :** 각 도서별 특징이나 장점을 정리한다.
- 장점, 단점, 가격, 제책 방법 등을 요약한다.
- 이 단계의 작업을 잘하는 어느 출판사는 자료들을 PT로 만들어 담당 직원들이 함께 보면서 토론을 한다고 한다.
◆ **5단계 :** 발행할 〈신간〉 도서의 콘셉트를 잡을 수 있는 자료들을 제시한다.
- 기존에 나온 책들에 없는 내용이거나 좀 더 보완될 필요가 있는 내용들이 들어가도록 제안한다.

시장조사는 기본적으로 해당 기획과 비슷한 책이 시장에 나왔는지를 살펴보는 것에서 시작된다. 인터넷 검색을 통해 비슷한 책을 알아보고 이 중 시장 반응을 살펴볼 대표 도서를 몇 개 정도 정한다. 그다음 판매부수를 파악하고 서점 담당자와의 면담을 통해 시장 반응을 살피고, 기존 도서의 부족한 측면이 무엇인지, 자사의 기획은 어떤 방향으로 가야 하는지를 파악한다. 판매부수는 인터넷 서점이 제공하는 판매지수를 이용해 대강은 유추해 낼 수 있지만 정확하게 알수는 없다. 이때 인맥이 중요하다. 서점 담당자에게 판매부수를 물어볼 수도 있고 해당 출판사의 영업자에게 물어볼 수도 있다.

만약 자사의 기획과 비슷한 책이 하나도 없다면 자사의 책이 시장에 나왔을 때 얼마만큼의 반응을 이끌어낼 수 있는지 알아볼 필요가 있다. 서점 담당자와의 면담을 활용할 수도 있고, 자신의 주변 사람들을 통해 알아볼 수도 있다. 주변 사람들 중 각 계층을 대표한다고 볼 수 있는 사람들을 모아 심층 인터뷰를 진행하는 것도 시장반응을 미리 엿볼 수 있는 방법이다.

Power Tip ◄

도서의 가격 책정법

신간 도서의 가격 책정 방법은 크게 다음의 2가지 방법으로 나뉜다.

첫 번째는 책 제작에 들어가는 최종 비용을 산출해서 권당 제작비를 산출하는 것이다. 권 당 제작비가 나오면 ×3, ×4를 한다. 예를 들어 권당 제작비가 3,000원인 경우 ×3을 하면 9,000원이고 ×4를 하면 12,000원이다. 9,000원 ~ 12,000원 사이에서 정가를 정하면 된다.

두 번째는 마케팅을 위한 전략적인 방법으로 경쟁 도서의 가격을 보고 정하는 법이다. 경쟁 도서들의 가격, 책의 판형, 쪽수, 본문 도수 등을 파악해서 비슷하게 책정하는 방법이다.

다음은 필자가 최근 나온 신간의 정가를 정한 방법이다.

〈전원주택 짓기 가이드북〉 : 도서 가격 정하기 샘플자료

－ 본문 페이지 : 352P, 본문 4도, 크라운판 변형

회사	가격(원)	본문 페이지(P)	본문 인쇄 도수	책의 판형
A 출판사	15,000	406P	2도	신국판
B 출판사	13,000	198P	2도 / 4도	신국판
C 출판사	15,000	240P	4도	크라운판 변형
D 출판사	16,500	284P	4도	크라운판 변형
E 출판사	16,000	256P	4도	크라운판 변형
F 출판사	26,000	492P	4도	크라운판 변형

결론적으로 필자는 이상의 자료 바탕으로 정가 20,000원으로 결정을 했다. 참고로 18,000원 정도가 적당했으나 초판 제작 부수가 적어서 권당 제작비가 올라간 부분을 참고 했다.

현실화 단계에서 느끼는 좌절과 희망

1인 출판사가 현재 처해있는 책 기획의 현실과 신간 마케팅의 현실에 대해서 알아본다. 그리고 출판일을 하면서 느끼는 좌절과 작은 희망에 대해서 이야기하겠다.

책 기획과 현실화 단계

1인 출판사는 기획을 하거나 출간을 의뢰받은 책을 출판하기에 앞서 현실화 단계를 꼭 거쳐야 한다.

본인이 기획한 기획물이나 투고된 원고를 혼자서 보고 출간을 결정하는 것은 매우 위험한 일이다. 항상 '돌다리도 두들겨 본다'라는 심정으로 현실화 단계를 거치자.

여기서 말하는 현실화 단계란? 기획한 책에 대해서 주변 전문가들의 반응을 취합하고 시장조사를 거치는 것을 말한다. 자신의 주변에 있는 출판 편집인, 기획자, 마케터 분들을 만나거나 전화나 메일로 자문을 받으면 된다. 이러한 분들이 없다면 관련 온라인 카페에 가입해서 인맥을 만들자.

필자의 경우 3년 전 기획한 출판물이 3년이라는 시간이 지나 탈고를 했다(그 기간동안 몇 번의 내용 수정이 있었다). 당시 필자가 기획할 무렵에는 자신감이 있었던 책이었지만 3년이라는 시간이 흐르는 동안 그 책은 필자의 출판사에서 출간을 할 분야가 아니라는 판단이 섰다. 그래도 저자와의 약속을 더 크게 보고 진행을 했다. 탈고 후 책이 나오기까지 5개월이라는 시간이 더 소요가 되었다. 그 기간동안 혹시나 '잘 나갈 수도 있겠지' 라고 자신을 위로도 해보면서 말이다. 결과는 완전 실패였다. 책이 전혀 나가지 않았다.

책을 기획하고 진행을 하는 동안 멈출 수 있는 시간이 있었다. 작가에게 준 계약금을 포기하고 만나서 전후사정을 이야기한 후 마무리를 했어야했다. 하지만 작가가 그 기간동안에 고생을 많이 했다는 사실에 멈출 수가 없었다.

지금도 후회는 하지 않는다. 돈은 잃었지만 사람은 잃지 않았으니 말이다. 언제 다시 만나서 작업을 할지는 모른다. 하지만 마음은 편하다.

이러한 일이 있은 후 필자는 다시 좀 더 단단해진 것 같은 기분이 들었다. 그 후로 2건에 대해 계약금을 포기하고 접은 일이 있다. 그 중 1건은 다른 출판사에서 책이 출간되었는데 결과는 안좋았다.

기획은 거침없이 하더라도 현실화 단계는 꼭 거친 후 출간을 해야 한다는 사실은 필자가 출판사를 운영하면서 매 순간 느끼고 경험 하는 소중한 노하우로 남는다.

신간 마케팅의 현실

1인 출판사가 할 수 있는 신간 마케팅에는 한계가 많다. 대형 출판사처럼 자금이나 마케팅 네트워크, 저자 인맥이 많지 않기 때문이다. 이 중 가장 힘든 점이 자금의 부족이다.

부족한 자금을 광고비에 투여하면서 책에 대한 광고를 할 수는 없다. 이점에서 사람들마다 의견이 다를 것이다. 책을 많이 팔기 위해서는 과감하게 광고비에 돈을 써야 한다는 주장과 그렇지 않은 주장이 있을 것이다. 필자는 후자를 택했다.

1인 출판사는 자금력이 상대적으로 약하다. 책 한 권에 들어가는 제작비용도 최소로 줄여야 하지만 광고비 또한 최소로 줄여야 한다.

순전히 필자의 경험으로 이야기를 해보겠다. 예전 필자가 근무한 출판사에서는 한 달 광고비가 4,500만원 정도였다. 한 달에 4억 ~ 5억 정도의 수금을 위하여 그 정도의 금액을 광고비에 투자를 했다 (수금액의 10%). 광고비는 주로 대형서점 매대 광고비, 온라인 서점 이벤트나 배너 광고비, 일간지 전면광고, 5단 광고 등에 사용했다.

광고를 하면 그 효과는 당연히 하지 않는 것과는 비교된다. 하지만 회사의 경영 상태를 고려하지 않고 매달 고정적으로 나가는 광고비는 문제가 된다. 그리고 광고를 한 후 책 판매에 끼치는 영향에 대해서는 별다른 검증이나 조사가 없다. 결국 그 출판사는 작년 최종 부도가 나고 말았다. 광고비 때문에 부도가 난 것은 아니지만 그 부분도 영향을 미친 것은 확실하다.

중형 출판사에서 마케팅을 한 지인이 이런 말을 했다. 자신이 몸담고 있는 출판사의 경우에는 광고비를 쓴 금액만큼 책이 팔리는 것 같다고 말이다.

한 달에 광고비를 100만원 정도 쓴다면 과연 어느 정도의 매출이 더 올라야 할까?

이 부분에 대한 확신이 있다면 광고비에 투자를 하자.

1인 출판사에게 가장 필요한 것은 별다른 돈을 안쓰고 책을 홍보하는 노하우를 찾는 것이다. 뒤에서 다시 다루기로 하겠다.

좌절과 희망

기획한 책들이 노력한 만큼의 결과가 따르지 않아 실망을 하고 후회를 한다. 난 왜 안되는 것일까? 여러 권의 책을 실패해 본 필자 또한 자주 느끼는 심정이다. 그래도 요즘은 실패하지 않는 책도 만든다. 그것은 창업초기 실패를 해보았기 때문이 아닐까?

자금력이 약한 1인 출판사의 경우에는 실패를 5종 정도까지 계속하다보면 출판사업 자체가 힘들어진다. 필자의 경우 2종 실패하고 1종 성공하고 1종 실패하고 1종 성공하고를 반복적으로 해온 것 같다. 그래서 배운 필자의 노하우는 다음과 같다.

◆ 책 한 권에 모든 것을 걸지 않는다. 80%만 걸자.
◆ 책 한 권 만드는 비용을 최소로 절약한다.
◆ 실패한 책에 연연하지 말고 그 다음 책에 다시 희망을 걸자.

좌절이 있으면 희망도 있다. 필자의 경우 2013년 출간한 캘리그라피 책의 반응이 좋아서 그 다음 시리즈도 기획을 하였다. 그리고 그 시장을 보고 계속 연구하고 작가를 알아보게 되었다. 작가의 섭외는 짧은 시간 안에 이루어지는 것이 아니므로 충분히 검증하고 알아본 후 제안을 해야 한다. 2015년 1월에는 자립심이 강한 작가를 만나 무료로 책을 홍보하기도 했다. 교보문고에서 매달 PT를 거쳐 선정된 책을 한 달간 진열해 주는 이벤트에 통과를 한 것이다. 출판사에서 해 준 것은 전혀 없고 작가가 직접 PT를 제작하고 발표를 해서 얻은 결과이다. 매대 진열을 통해 책이 많이 나간 것은 아니다. 하지만 이러한 것들이 하나씩 쌓여져 좋은 출판사로 거듭날 수 있다고 생각한다.

▲교보문고(광화문점) 도서 진열화면

▲교보문고(광화문점) 이달의 신간 진열화면

몸에 좋은 약이 쓰듯 사업에 도움이 되는 말은 듣기가 싫다

몸에 좋은 약이 쓰듯 사업에 도움이 되는 말은 듣기가 싫다. 좋은 말이 듣기 좋은 것은 당연한 일이다. 하지만 사업을 하면서 필자가 느낀 점은 다음과 같다.

◆ 좋은 말보다 듣기 싫은 조언을 해주는 말을 더 귀담아 들어라.
◆ 좋은 말을 해주는 사람은 내게 무언가를 바라는 것이 있는 사람이다.
◆ 아무나 듣기 싫은 조언을 해주는 것은 아니다. 날 아끼는 사람의 조언이다.

다음은 필자가 지금까지 지인들에게 들은 조언들이다.

◆ 처음부터 너무 서두르지 말고 황소걸음으로 가라.
◆ 사람은 믿어도 돈은 믿지 마라.

- ◆ 사람이 배신하는 것이 아니라 돈이 배신을 한다.
- ◆ 사기는 내 주변에 나를 가장 잘 아는 사람이 친다.
- ◆ 그 원고가 이름도 없는 1인 출판사로 들어오는 이유를 잘 파악해봐라.
- ◆ 너무 친절한 사람은 일단은 다시 보고 생각을 해라.

어떤 조언은 당장에는 듣기 싫지만 출판사를 해나가면서 차츰 이해가 되고 마음으로 받아들이게 되었다. 요즘은 출판사를 하려고 하는 분들에게 다음과 같은 조언을 한다.

- ◆ 본인의 책을 내려고 절대 출판사 하지 마세요.
- ◆ 최소한 3종 이상은 완벽하게 준비를 한 후 출판사를 시작하세요.
- ◆ 이 책에 대한 출간을 다시 한번 고려해 보세요.
- ◆ 아무도 안 내는 책은 블루오션일 수도 있지만 내면 안되는 책일 수도 있어요.
- ◆ 자신 외에 냉정하게 원고를 봐 줄 사람이 필요합니다.

몸에 좋은 약이 쓰듯 사업에 도움이 되는 말은 듣기가 싫다. 하지만 필자가 아는 자수성가(自手成家)한 출판사 대표 분이나 출판사 설립년도가 오래된 출판사 대표님은 대체로 남의 말을 잘 듣는다. 하지만 주변 측근들의 말은 잘 듣지 않는다.

너무 잘 들어도 문제이고 너무 안들어도 문제인 것 같다. 최대한 듣고 판단은 본인이 하길 바란다. 돈을 투자하는 것도 자신이고 돈을 잃는 것도 자신이다. 대신 돈을 버는 것 또한 자신이다.

신간 마케팅
방법

책의 노출을 높이는 손쉬운 방법으로 온라인이나 오프라인 이벤트나 광고가 있다. 하지만 비용 대비 효과를 잘 따져보고 진행해야 한다. 자칫하면 과다한 광고비에 힘들어질 수가 있다.

온라인 마케팅(홍보 부분)으로 가장 많이 사용하는 방법이 온라인 서점에서의 [검색창] 광고나 [배너] 광고 등이 있다. 출판사에서 나온 〈신간〉의 독자 타깃에 맞추어 분야별로 알맞은 화면에 [배너] 광고를 할 수 있다. 보통 비용은 지불공제(서점에서 출판사로 도서 판매분에 대한 결제를 해주는 금액에서 광고비용을 차감한 후 지급하는 방식)로 처리를 하는 경우가 많다.

온라인 마케팅은 상대적으로 비용이 적게 드는 대신 눈에 띄는 효과를 거둘 수 없다는 단점이 있다. 누구나 다 온라인을 통한 마케팅을 하기 때문에 타깃을 명확하게 설정하고 변별력을 키우기 위한 전략이 필요하다. 자세한 것은 해당 온라인 서점의 광고안내 부분을 참조하면 된다.

이상의 방법은 비용이 드는 방법이고 별도의 비용 없이 혼자만의 노력이나 온라인 전담 마케터들이 하는 방법으로는 〈신간〉을 카페, 블로그, 트위터, 페이스북에 올리는 방법이다.

오프라인 마케팅(홍보 부분)으로 주로 많이 하는 방법은 서점의 매대를 사서 특정 기간 동안 〈신간〉을 노출시키는 방법이 있다. 서점 매대의 경우 서점에서 규모가 있는 출판사에 먼저 제안을 하는 경우가 많기 때문에 규모가 상대적으로 작은 1인 출판사의 경우 제안이 안 들어온다. 이러한 제안은 어린이날, 어버이날, 크리스마스 등의 특정일을 앞둔 시점에서 [특별 기획전]의 타이틀을 걸고 홍보와 마케팅을 함께 준비하면서 많이 활용된다. 출판사는 마케팅적인 측면에서 행사에 참여하지만, 장기적으로 출판사의 브랜드를 알리는 차원에서 참가하기도 한다.

출판사에서 〈신간〉이 나오면 주로 다음과 같은 방법으로 〈신간〉 마케팅을 한다. 이외에는 많은 방법들이 있는데 가급적 비용이 적게 드는 방법으로 알아보았다(여기서는 비용이 상대적으로 많이 드는 신문 광고의 방법은 언급하지 않았다).

◆ [신간] 마케팅 방법

1. 〈신간〉 보도 자료를 만들어 각 서점 담당자들에게 보낸다.
   - 책의 내용을 최대한 알릴 수 있도록 작성을 하고 표지의 이미지

도 보낸다.

2. 회사 홈페이지나 카페, 블로그, 페이스북을 활용하여 댓글 이벤트를 한다.
 - 질문에 대한 답변을 해주는 회원에게 선착순으로 몇 명 선에서 〈신간〉을 증정한다.
 - 책을 읽고 댓글을 달아주는 분에게 소정의 기념품을 제공한다.

3. 〈신간〉의 성격에 맞는 단체, 학교 등에 책을 증정한다.
 - 관련학과의 교수님의 명단을 확보하여 증정한다.

4. 온라인 서점의 인터넷 배너 광고를 활용한다.
 - 온라인 서점의 메인 화면에 나오는 배너 광고는 상대적으로 금액이 높으므로 해당 분야에 배너 광고를 해본다.

5. 오프라인 서점의 매대 광고를 한다.
 - 특별한 주제를 만들어 단독 매대를 빌리거나 타출판사와 연합하여 매대를 빌린다.

돈 안들이고 할 수 있는
도서 홍보법

여기서는 돈 안들이고 할 수 있는 1인 출판사만의 홍보 방법에 대하여 알아본다. 이 방법에 대한 정확한 데이터는 없지만 홍보의 한 방법으로 효과가 있다고 생각한다.

필자의 경우 다음과 같이 카페와 SNS(Social Network Service)에 홍보를 한다. 이외에도 무료로 책을 홍보할 사이트를 발굴해서 신간 도서가 나오면 사이트에 올려보자.

카페와 SNS(페이스북, 트위터)를 이용하는 방법

① 출판사 카페 또는 홈페이지에 신간 소개를 올린다.

② 해당 게시물의 주소를 복사한다.

③ 자신의 페이스북(Facebook)이나 트위터(Twitter)에 간단한 설명과 함께 복사한 주소를 붙여넣기한다.

④ 친구가 되어 있는 페이스북 친구들의 담벼락에 간단한 설명과

함께 복사한 주소를 붙여넣기한다.

⑤ 출판사 카페 또는 홈페이지의 해당 게시물의 조회수를 체크한다.

▲ 카페에 올린 게시물의 링크 주소를 페이스북에 올린 화면

▲ 카페에 올린 게시물의 링크 주소를 트위터에 올린 화면

카페 게시판에 올린 홍보 내용을 페이스북에 연동시키는 방법

① [페이스북 모양의 아이콘]을 클릭한다.

▲카페의 특정 게시물에서 [페이스북] 아이콘 선택화면

② [Facebook 링크 공유] 화면이 나타난다. 여기에 적당한 문구를 입력한 후 [링크 공유] 버튼을 선택하면 자신의 페이스북 담벼락에 등록이 된다. 이렇게 등록이 된 게시물을 클릭하면 해당 게시물로 이동이 된다.

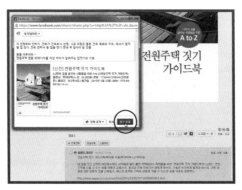

▲[Facebook 링크 공유] 화면

페이스북에 올린 홍보 내용을 관리하는 그룹의 페이스북에 연동시키는 방법

이상과 같이 페이스북에 등록이 된 내용을 자신이 활동하는 그룹의 담벼락에 올리는 방법을 알아보겠다.

등록된 게시물의 하단 오른쪽에 보면 [공유하기]가 있다. [공유하기]를 선택하자. 그러면 [이 링크 공유하기] 화면이 나타난다. [공유위치]에서 등록할 그룹의 이름을 검색하여 선택한다. 내용에 대한 간단한 내용의 글을 남긴 후 [링크 공유]를 선택하면 된다.

▲페이스북에 올라간 자료를 다른 곳으로 링크하는 화면

이메일(email)을 활용하는 방법

이메일 주소록에 담긴 이메일들을 활용하여 지인들이나 홍보하려고 하는 책에 관심을 가질만한 분들에게 [신간 보도자료]를 보낸다.

평소에 이메일을 잘 관리해 둔 사람이라면 큰 도움이 될 것이다. 지금부터라도 명함에 있는 이메일들을 잘 정리해둔다면 이메일 홍보에 도움이 될 것이다.

인터넷 팩스를 활용하는 방법

인터넷 팩스 서비스를 이용하면 사무실에 팩스기가 필요 없다. 컴퓨터로 팩스를 받을 수 있으며 보낼 수도 있다. 스마트폰에 관련 어플을 설치하면 언제든지 스마트폰으로 수신된 팩스를 확인할 수 있다. 받는 팩스 자료 중 중요한 것은 그림 파일로 저장해둘 수도 있다. 파일로 된 자료가 아닌 책이나 신문자료를 보내는 경우에는 그 자료를 스캔한 후 보내야하는 단점은 있다. 한글 파일(*.HWP)이나 엑셀 파일(*.xls)도 인터넷 팩스를 이용하여 상대방에게 보낼 수 있다. 자주 사용하는 팩스 번호는 주소록에 저장해두면 도움이 많이 된다.

신간이 나온 경우 [신간 보도자료]를 A4용지 1장(더 많이 해도 되지만 비용적인 면과 받아보는 사람들의 정서상 내용을 줄여서 1장으로 만드는 것이 효과적이다)으로 만들자.

파일을 불러온 후 주소록에 있는 팩스 번호들을 선택하면 몇 백, 몇 천 곳에 동시에 자료를 보낼 수 있다. 전송 결과를 조회하면 팩스가 도착하지 않은 경우에 그 이유를 알 수 있다. 도움이 많이 된다. 통화중이거나, 결번인 경우가 가장 많았다.

출판 지원 사업에
관심을 가지자

출판 사업에 대한 정부 지원은 넉넉하지가 않다. 하지만 출판 사업에 대한 지원은 분명히 존재한다.

한국출판문화산업진흥원(http://www.kpipa.or.kr)에서 실시하는 우수출판콘텐츠 제작지원 사업이나 세종도서 학술부문 선정 및 보급 등이 있다. 이 사업에 선정되는 것이 쉬운 일은 아니지만 신청서를 꾸준히 내는 것이 좋다. 선정만 되면 기본적인 판매를 보장할 수 있기 때문이다. 이런 지원 사업에 선정이 된다는 것은 출판사가 만든 책이 그만큼 가치를 지니고 있다는 것을 정부가 보증하는 것이 된다. 그리고 책 표지에 선정도서 마크를 넣을 수 있다. 또한 마케팅에도 적극 활용할 수 있다.

한국출판문화산업진흥원외에 각 구청이나 시에서 하는 창업지원금지원이나 무료 경영컨설팅에도 관심을 가지자. 해당 구청 홈페이지에 수시로 들어가서 확인해 보기 바란다.

▲한국출판문화산업진흥원 홈페이지 화면

▲해당 지원 사업에 대한 공지 화면

다음은 알아 두면 도움이 되는 출판관련단체(모임)들의 홈페이지 주소이다.

- 한국출판문화산업진흥원 : http://www.kpipa.or.kr
- 대한출판문화협회 : http://www.kpa21.or.kr
- 한국출판인회의 : http://www.kopus.org
- 한국출판협동조합 : http://www.koreabook.or.kr
- 출판유통진흥원 : http://www.booktrade.or.kr
- 한국출판영업인협의회 : http://www.kpmac.net
- 한국전자출판협회 : http://www.kepa.or.kr
- 북에디터 : http://www.bookeditor.org
- 인문사회과학출판인협의회 : http://cafe.daum.net/cultural
- 한국어린이출판협의회 : http://cafe.daum.net/book4all
- 출판 제작(편집&디자인)모임 : http://cafe.daum.net/bookmakepeople

출판 마케팅의 기본인
장부대조와 수금 관리

　　　　　　　출판 마케팅에 있어서 알아야 할 기본적인 업무들
과 장부대조, 수금 관리 등에 대하여 알아보겠다.

기본적인 영업 업무

　출판사에서 나오는 신간마다 독자들로부터 좋은 반응이 오지는 않
는다. 책을 한 권 한 권 내면서 시행착오를 거치게 된다. 시행착오를
거치다 보면 새로운 방법과 계획이 생겨날 것이다. 처음부터 자신에
게 맞는 마케팅 방법을 찾아낸다면 좋지만 쉽지는 않다. 누구나 그러
한 시행착오를 건너뛸 수는 없다. 오히려 그러한 시행착오를 거치면서
더 단단하게 자신만의 마케팅 방법을 터득할 수 있는지도 모른다.

　**1인 출판사가 주로 하는 출판 마케팅에 있어서 가장 기본이 되는
업무는 다음과 같다.**

◆ [신간 보도자료]를 오프라인, 온라인 서점에 이메일로 보낸다.

◆ [신간 보도자료]를 특정인들에게 이메일로 보낸다. 예를 들어 신문사, 잡지사 기자들

◆ 무료로 책을 홍보할 수 있는 곳에 [신간 보도자료]를 올린다.

◆ 언론사 릴리즈를 통해 신간도서와 함께 [신간 보도자료]를 배포한다.

◆ 지인들에게 책을 증정하면서 홍보를 부탁한다.

◆ 오프라인 서점에 나가서 신간이 잘 배치되어 있는지 확인한다.

장부대조

1인 출판사 대표가 경영인이자 마케터다. 수금이나 장부관리와 같은 영업 활동은 창업과 동시에 바로 해야 하는 일들이다.

매달 말일 거래하는 서점과의 장부대조는 중요하다. 이 장부대조에서 이상이 없어야 세금계산서를 발행하거나 승인을 할 수 있기 때문이다. 세금계산서가 발행되어야 다음 달 수금이 정상적으로 이루어지게 된다. 수금이 제대로 이루어져야 한 달간 출판사를 운영할 자금을 가지게 된다고도 볼 수 있다.

가장 먼저 각 서점별 장부 파일을 만들자. 그런 다음 거래처에 보내거나 확인한 장부 파일을 출력해서 보관해두자. 거래마다 조금씩 다르지만 말일 입고된 매출이 잡히는 경우도 있고 다음 달로 이월이 되는 경우가 있다. 이번 달에 그런 부분이 있었다면 그 부분을 파악해두고 다음 달에 다시 확인을 하면 된다.

장부대조용 파일은 자신이 거래하는 물류 프로그램에서 엑셀 파일

로 변환해서 사용하면 된다. 이 부분을 잘 활용해서 매달 말일 장부 대조를 하자. 그리고 각각의 서점들이 정한 기간 안에 세금계산서를 발행하자.

장부대조를 하는 이유

장부대조란 출판사가 가진 출고 내역과 거래처가 가진 입고 내역이 같은지 대조하는 작업을 말한다.

온라인 서점의 경우는 다음 달에 현금으로 입금이 되기 때문에 별 문제가 없지만, 오프라인 서점들은 대부분 위탁이나 한도 거래를 한 다. 책을 가져갔다고 해서 그 대금을 다 주는 것이 아니라 잔고로 얼마를 두고 나서 결제를 해준다.

만약 거래하던 서점이 부도가 났다고 하자. 이런 경우 출판사가 그 거래서점으로부터 받아야할 미수금이 얼마인지를 증명해야 하는데 이때 장부가 그 증거가 된다. 거래처에 장부가 남아 있으면 이를 토대 로 채권금액을 산출할 수 있다. 하지만 장부가 남아 있지 않는 경우 도 있다. 고의 부도인 경우도 있기 때문이다. 이때에는 출판사가 보유 한 장부만으로는 증빙을 해야 하는 한계에 빠진다. 출판사가 임의대 로 입력을 했을 가능성이 있기 때문이다. 하지만 거래처의 직인이나 서명을 받은 장부는 인정을 받을 수 있다. 그러므로 물류회사에서 매 달 보내오는 거래명세서를 잘 보관해 두자. 그 거래명세서에는 도서 가 입고되었다는 도장이 찍혀져 있다.

간혹 거래 서점과 출판사간의 장부상의 금액이 차이가 나는 경우 가 있다. 주로 공급율의 차이, 반품도서 미입력, 출고는 됐으나 거래처에서 입력을 안한 경우, 배송사고 등이 있는데 몇 개월이 지나면 오류가 어디에서 났는지 찾아내기가 어렵다. 그러므로 매달 장부대조를 해서 그 오류들을 정정시키자.

위탁과 현매 거래의 차이점

출판사와 서점사이에 위탁판매에 대한 계약서를 작성된 경우 위탁판매가 이루어진다.

위탁판매란 출판사가 서점으로 책을 우선 공급한 뒤 책이 팔린 만큼만 결제를 받는 것을 말한다. 대부분의 서점들과 이루어지는 거래 형태이다.

신간이 나오면 일정 부수를 오프라인 서점에 보내기 때문에 오프라인 서점과의 잔고는 항상 존재한다. 대신 온라인 서점은 임의대로 신간을 보내지 않기 때문에 잔액이 0원으로 관리가 된다.

현매 거래란 위탁판매 거래가 되어 있지 않은 서점과의 거래에 있어서 현금을 받고 책을 출고하는 방법을 말한다. 필자의 경우에는 현매 거래의 경우 주문장을 별도의 파일로 보관을 한 후 다음 달에 세금계산서를 발행해 주고 있다.

현매 거래의 경우에는 잔고가 없기 때문에 관리상 별 문제가 없다. 문제가 되는 것은 위탁 판매분이다. 위탁 판매의 경우 항상 잔액이 발생한다.

잔액이 일정 수준으로 늘지 않도록 관리가 필요하다. 수금일이 되면 일단 담당자에게 전화를 걸어 현금으로 받을 수 있어야 한다. 결제가 어렵다면 다음 달 신간 출고 부수를 조정해야 한다. 대형 도매상의 경우 일정 금액 정도의 잔액이 유지되도록 해야 한다.

매달 수금계획서를 만들어보자

출판사의 수금 관리는 월단위로 이루어진다. 매월 지난 달 또는 작년 같은 월의 자료를 참고하여 이번 달 매출목표를 산출한다. 그리고 그 매출목표를 토대로 각 거래처에 이번 달에 수금해야 할 목표를 잡는 것이다. 거래처가 하나둘일 때는 상관없지만, 늘어나게 되면 수금계획서를 작성해 놓는 것이 좋다.

08 현실적인 출판 마케팅

1인 출판사에서 실질적으로 할 수 있는 현실적인 출판 마케팅에 대해서 알아보겠다.

현실적으로 대박은 힘들다

출판사를 시작해 처음부터 대박을 내는 책을 기획하기란 현실적으로 힘들다. 그런 출판사가 없는 것은 아니지만 일반적으로는 거의 없다고 본다.

필자의 주변에 지금은 자리를 잡은 출판사 3곳이 있다. 그 출판사들의 공통적인 특징은 창업 초기부터 3년 정도는 많이 힘들었다는 것이다. 분야 선택을 잘못한 경우도 있고 자금이 부족해서 힘든 경우 등이 있다. 지금은 모두 자리를 잡아서 그 분야에서 이름이 알려진 출판사가 되었다.

그 분들의 창업 초기 업무 진행에 대해서 간단하게 분석해 보겠다.

처음부터 혹은 1년이 지난 시점에서 최고의 마케터를 영입을 해서 업무를 진행했지만 안된 경우를 보았다. 판매 도서가 많지 않은 경우 마케터의 역량을 100% 발휘하기란 쉽지 않다. 그러므로 마케터의 영입 시기를 잘 따져봐야 한다. 그 다음으로 출판 분야의 선정을 잘못 해서 다른 분야로 변경을 하면서 손해를 많이 본 경우인데 창업 초기 시장 조사가 부족했다고 본다. 출판 분야의 선정은 가장 어려운 부분이다. 시작한 분야가 아니면 과감하게 정리하는 결단도 필요한 것 같다. 한 대표님의 이런 말이 생각난다. "내가 왜 이 분야를 선택했는지 잘 모르겠다."

베스트셀러를 만들 수만 있다면 누구나 출판사를 창업해 부자가 되었을 것이다. 중요한 것은 투자비용에 대한 손실을 최소화하면서 끊임없이 책을 만드는 것이다. 그리고 적당한 수준의 판매량을 유지 하도록 마케팅을 하는 것이다. 그러다보면 언젠가는 좋은 작가를 만나게 되어 대박이 날 수 있는 확률을 높일 수 있는 것이다.

내가 할 수 있는 것과 할 수 없는 것의 파악

필자의 경우 책을 기획하고 진행을 하는 과정에서 새로운 것을 많이 배운다. 특히 잘 팔리지 않은 책의 결과를 분석하면서 소중한 경험들을 하게 되었다. 왜 판매가 부진했는지, 문제가 무엇이었는지 분석하고 앞으로 같은 실수를 반복하지 않으려고 한다. 또 출판을 하다 보면 판매가 많지 않을 것이 예상되는 책이 있다. 그래도 여러 가지의 이유로 책을 만들어야 하는 경우가 있다. 당장 판매량은 높지 않아도 자신의 출판사 도서목록에 추가가 됨으로서 브랜드 가치를 높이는 효과를 낼 수도 있기 때문이다. 이런 책의 경우에는 투자비용을 최소화하여 진행시켰다.

1인 출판사의 경우 대표가 모든 업무를 다 할 수는 없다. 창업 초기부터 내가 직접 할 수 있는 것과 할 수 없는 것을 파악해야 한다.

책에 대한 마케팅의 경우 직접 진행하는 것을 추천한다. 일단 자신이 해보아야지 그 분야의 일을 알게 되고 직원을 채용해도 업무 전달이 원활이 이루어진다.

책을 홍보하는 가장 손쉬운 방법은 언론이나 서점에 광고를 내는 것이다. 온라인 서점에서 진행하는 각종 이벤트에 참여하고 카페나 블로그에서 서평 이벤트를 진행하는 것이다. 또는 책을 홍보 대행해주는 업체에 넘겨도 된다. 이 모든 것들을 다 할 수만 있다면 정말 좋겠는가? 결론은 돈이 많이 든다. 판매를 많이 하겠다고 이것저것 하다보면 마케팅 비용이 상승하게 되어 앞으로 남고 뒤로 손해 보는 경우가 발생한다.

1인 출판사는 마케팅에만 모든 업무를 집중할 수 없다. 기획도 해야 하고 작가의 원고를 잘 정리해 디자이너에게도 넘겨야 한다. 따라서 시간 계획을 확실하게 세우고 일의 우선순위를 정할 필요가 있다.

여러 가지 업무를 모두 처리할 수 있으면 좋으나 시간이나 능력적인 면에서 모두 잘할 수는 없다. 그러므로 내가 할 수 있는 일을 확실하게 파악하여 그 일들을 차질 없이 진행하는 것이 필요하다.

사업 초기에는 마케팅 출신의 대표나 지인들의 도움을 받으면서 배워나가는 것도 하나의 방법이겠다. 배워서 일을 처리하다 보면 자연스럽게 자신만의 방법이 생길 것이다.

좋은 책을 만드는 것이 정답이다

누가 그랬든가?

최고의 출판 마케팅은 좋은 책을 만드는 것이라고 말이다.

출판 마케팅도 중요하지만 시대에 잘 편승한 적절한 책을 기획해서 만들어 낸다면 마케팅이 한결 쉬울 것이다. 좋은 책은 그 자체가 마케팅인 것이다.

공을 많이 들여서 만든다고 잘 팔리는 것도 아니고 공을 안 들이고 만든다고 안 팔리는 것은 아닌 것 같다.

출판사에서 책을 만들 때 모든 책에 최선을 다한다.

100% 전력투구하는 책도 있지만 80% 정도만 집중하는 경우도 있다. 정답은 없는 것 같다. 하지만 필자 나름대로의 결론은 내리고 싶다. 책을 만들 때 비용투자 대비 예상 매출 분석을 하자는 것이다. 예를 들어 5,000부 정도 나갈 것으로 예상되는 책을 10,000부 정도 나갈 것으로 예상하는 책에 들어가는 시간과 비용투자를 하면 안되는 것이다. 출판은 문화산업이기도 하지만 그 자체가 사업이기 때문이다. 실패하는 책이 많아지면 그 다음 책을 만들 수 없는 상황에 놓이기 때문이다.

잘 팔리지 않는 책이 좋은 책이 아니라고 할 수는 없다. 좋은 내용을 담고 있으면서 팔릴 수 있는 책을 만들어야 한다. 그렇게 하기 위한 첫 단추가 기획한 도서의 현실화 단계라고 다시 한번 더 강조하고 싶다.

저자를 적극적으로 활용하라

1인 출판사가 유명한 저자를 섭외한다는 것은 현실적으로 어렵다. 기존에 알고 있는 사이가 아니라면 모르겠지만 새로 섭외를 한다는 차원에서 보았을때 매우 힘들다.

1인 출판사의 경우 유명 저자를 섭외해서 대박을 터뜨리겠다는 꿈보다는 지금 나와 작업하고 있는 저자를 잘 키워서 유명 저자로 만들어가는 꿈이 현실적으로 더 쉽다고 생각한다. 출판사와 작가가 노력해서 서로 함께 커가는 것이다.

필자의 경우 저자가 적극적으로 마케팅을 도와주는 경우 그 책의 판매량이 높았다. 저자가 알고 있는 단체나 지인들에게 책 홍보 자료를 이메일로 보내고 직접 온라인에 도서 홍보를 해주는 경우 많은 도움이 된다.

저자가 대중들 앞에서 이야기를 잘 할 수 있는 경우 저자와 함께하는 행사를 기획해도 좋을 것이다. 그리고 저자가 활동하는 온라인 카페나 페이스북, 블로그나 트위터 등의 SNS를 활용하여 독자들과의 소통의 장을 마련할 수도 있다.

저자는 유명하고 안 유명하고를 떠나 특정 분야에서 자기만의 경험과 기술로 전문가가 된 사람이다. 작가만이 해줄 수 있는 이야기가 있다. 책이라는 제약된 공간을 벗어나 독자와 저자가 소통할 수 있는 시간과 장소를 만들어주자. 그러한 시간을 통해 저자가 성장하고 출판사의 브랜드가 알려지는 방향으로 마케팅 계획을 잡아보자.

출판 마케팅
목표관리법

09

보통 마케팅 부서가 별도로 있는 출판사의 경우 〈일일 마케팅 보고서〉와 〈주간 마케팅 보고서〉를 작성한다.

〈일일 마케팅 보고서〉는 그날 있었던 마케팅 관련 처리 내용을 정리하면서 내일의 계획을 세우는데 도움이 된다.

〈주간 마케팅 보고서〉는 한 주 단위로 마케팅 관련 업무들을 정리하고 다음 주의 계획을 세우는데 도움이 된다.

계획에는 각종 행사 진행, 신규 계약, 서점 담당자 미팅 일정 등의 내용도 있지만 매출에 대한 목표치를 두고 목표관리를 해야 한다. 즉 보고서를 작성하면서 목표관리를 하는 것이 좋다. 어제의 자료가, 지난 주의 자료가 모이면 한 주, 한 달이 되고 그러한 자료들을 분석하다 보면 어디에 좀 더 홍보를 하고 마케팅을 하면 좋을지 답이 나온다.

1인 출판사에서 이런 보고서를 만드는 것이 우스워보일 수도 있다. 하지만 보고서가 하나둘 쌓여 가면 언젠가는 출판사의 소중한 재산이 될 것이다. 처음에는 별로 쓸 이야기도 없겠지만 시간이 갈수록 쓸 내용도 많아지게 된다. 보고서를 계속 쓰다보면 자신의 출판사가 추진해야 할 마케팅 방향도 보일 것이다.

〈일일 마케팅 보고서〉와 〈주간 마케팅 보고서〉의 양식에 들어가면 좋은 항목들에 대하여 알아본다(P143과 P144참고).

◆ 〈일일 마케팅 보고서〉에 들어가면 좋은 항목과 세부내용

1. 수금 목표액 : 이번 달의 수금 목표액을 정한다.

2. 일 수금액 : 오늘의 수금액을 입력한다.

3. 총 수금액과 수금 달성률(%) : 현재의 총 수금액과 수금 달성률(%)- 수금 달성률(%) = (현재 총 수금액÷수금 목표액)×100

4. 오늘 수금 상세 내역 : 오늘 수금한 수금처의 상세한 내역을 상호별로 수금액을 입력한다.

5. 오늘 처리한 업무와 내일 처리할 업무 : 오늘 처리한 업무와 내일 처리할 업무의 내용을 적는다.

◆ 〈주간 마케팅 보고서〉에 들어가면 좋은 항목과 세부내용

1. 수금 목표액 : 이번 달의 수금 목표액을 정한다.

2. 주간 수금액 : 이번 주의 수금액을 입력한다.

3. 총 수금액과 수금 달성률(%) : 현재의 총 수금액과 수금 달성률(%)

4. 이번 주 베스트 도서 및 순위 : 이번 주의 주요 서점별 자사의 베

스트 도서명들의 판매부수, 분야별 순위, 순위의 변동을 입력해 둔다. 그리고 주요 도서들의 주요 거래처별 매출금액도 입력해 둔다.

5. 이번 주 마케팅 활동과 다음 주 마케팅 계획 : 이번 주의 주요 마케팅 활동을 정리하고 다음 주의 마케팅 계획을 세운다.

10 수금관리와
월 결산하는 방법

        출판사 마케팅 부서에서는 매월 초 지난 달의 실적에 대하여 분석을 하고 이번 달의 월매출 계획을 세운다. 지난 달 실적에 대한 분석은 〈월 결산 보고서〉라는 보고서를 만들어 자료를 모아두면 좋다.

  〈월 결산 보고서〉에는 전월 수금액, 이번 달 매출부수, 매출에 따른 매출액, 이번 달 반품부수, 반품에 따른 반품액 등을 파악하여 최종적으로 순매출부수와 순매출액을 파악한다. 보통 순매출액과 실제 수금액에는 차이가 난다.

  자료를 얼마만큼 정확히 만들어 비교 및 분석하는가에 따라 새로운 달의 정확한 계획이 세워진다는 것을 알자.

  필자의 경우 매달 월 결산을 한다. 이렇게 모아둔 자료들을 바탕으로 다음 달 매출에 대한 계획을 세운다. 예를 들어 재작년 5월 달의 매출과 작년 5월 달의 매출이 저조하다면 올 5월도 분명 매출이 저조

할 것이다. 그럼 5월 달 매출을 올리기 위해 이벤트를 기획하거나 진행 중인 신간이 있다면 5월 달 출간 목표로 세워보아도 좋을 것이다.

〈월 결산 보고서〉 양식에 들어가면 좋은 항목들에 대하여 알아보자.

◆ 〈월 결산 보고서〉에 들어가면 좋은 항목과 세부내용

1. 전월 수금액 : 지난 달의 실제 수금액을 입력하도록 한다.
2. 매출부수 : 이번 달 주문에 의하여 물류센터에서 출고된 부수를 입력한다.
3. 매출액 : 주문되어 출고된 도서들의 전체 매출 발생 금액을 입력한다.
4. 반품부수 : 출고된 도서 중 반품된 도서들의 부수를 입력한다.
5. 반품금액 : 반품되어 물류로 돌아온 도서들의 반품금액을 입력한다.
6. 반품률 : 반품률 = 반품부수/매출부수. 즉 반품부수를 매출부수로 나눈 다음 100을 곱하면 %가 나온다.
7. 순매출부수 : 순매출부수 = 매출부수 − 반품부수를 하면 된다.
8. 순매출액 : 순매출액 = 매출액 − 반품금액을 하면 된다.
9. 수금액 : 실제 수금액을 입력한다.

각 담당자별로 체크하면 좋은 항목은 다음과 같다.

10. 목표 매출액 : 담당자가 목표로 하는 목표 매출액을 입력한다.
11. 목표 수금액 : 담당자가 목표로 하는 목표 수금액을 입력한다.
12. 달성률 : 달성률 = 실 수금액/목표 수금액. 즉 실 수금액을 목표 수금액으로 나눈 다음 100을 곱하면 %가 나온다.

〈월 결산 보고서〉의 작성은 엑셀 파일로 만드는 것이 효과적이다. 엑셀의 수식 계산을 이용하면 아주 쉽게 계산이 필요한 데이터의 입력이 가능하다.

항상 목표로 하는 매출액과 목표로 하는 수금액은 차이가 있다. 목표로 하는 수금액과 실제 수금액의 비교를 통하여 달성률(%)을 확인할 필요가 있다. 상대적으로 달성률이 낮으면 그에 대한 다른 마케팅 방안을 구상해 보는 것도 좋은 방법이라고 하겠다.

월 결산 보고서 샘플

월 결산 보고서(20XX년 08월)					
					20XX-08-30
NO	서점	20XX년08월매출액 (세금계산서발행분)	20XX년 09월 수금액	미수금	비고
1	교보 (매장, 온라인)	1,128,075	865,800	262,275	20XX-08-10
2	영풍 (매장, 온라인)	570,700	387,400	183,300	20XX-08-10
3	반디앤루니스 (매장)	316,875	225,000	91,875	20XX-08-10
4	Yes24(통합)	920,400	920,400		20XX-08-13
5	알라딘	626,925	626,925		20XX-08-15
6	인터파크	327,000	327,000		20XX-08-15
7	반디앤루니스 (온라인)	76,800	76,800		20XX-08-15
8	북센	800,000	800,000		20XX-08-13
9	한국출판협동조합	401,720	401,720		20XX-08-15
10	부산)OO서점	150,000	150,000		20XX-07-30
11	대구)OO서점	100,000	100,000		20XX-07-29
12	현매서점	103,050	103,050		20XX-08-15
13	독자사업부	22,200	22,200		20XX-07-30
		5,543,745	5,006,295	537,450	[수금률]
					90.31

01. 출판권 설정 해지 협약서 샘플

출판권 설정 해지 협약서

◆ <u>저작물 기본 내용</u>
● 도 서 명 : _____
● 계 약 일 : _____
● 도서 발간일 : _____

위의 저작물의 출판권 설정을 해지함에 있어서
저작권자 **김철수를 甲**이라고 하고, 출판권자 **투데이북스를 乙**이라고 하여
다음의 내용을 숙지하고 신의와 성실로써 준수할 것을 다짐합니다.

제 1 항 甲은 개인적인 사유로 乙에게 출판권 설정 해지를 요청하며 乙은 이를 수락한다. 재고 소진 기간은 협약일로부터 1년 이내로 한다.

제 2 항 甲의 절판 요청에 의하여 절판하였으며 乙은 상기 도서를 추가로 제작하지 않는다.

제 3 항 甲은 출판권 설정 해지 협약서를 수령 후 이 책의 제목, 표지를 그대로 사용할 수 없다.

제 4 항 이 협약에 명시되어 있지 않거나 해석상 이견이 있을 경우에는 저작권법, 민법 등을 준용하고 사회통념과 조리에 맞게 해결한다.

20 년 월 일

저작권자 김 철 수 (印)

출판권자 투데이북스 대표 홍 길 동 (印)

02. 일일 마케팅 보고서 샘플

일일 마케팅 보고서

20XX-08-10			
7월 수금 목표액	**일 수금액**	**현재 총 수금액**	**수금 달성율**
5,860,000	1,402,450	2,056,870	35.1%

[오늘 수금 상세 내역]		
거래처명	**현금/어음**	**수금액**
교보문고(매장)	현금	680,000
영풍문고	현금	250,000
서울문고(매장)	현금	120,000
기타	현금	352,450
합 계		1,402,450

[오늘 처리한 업무]

1. 영풍문고 매대 진열 확인
2. <신간> 배본서 작성하기
3. 다음주 행사(작가 사인 이벤트) 작업 준비 체크

[내일 처리할 업무]

1. 교보문고 매대 진열 확인
2. 온라인 서점 <신간> 담당자 미팅 및 담당 MD 미팅
3. 총판 방문 및 저녁 식사

[기 타 사 항]

1. 행사 물품 구입 신청하기
2. 행사 아르바이트생 면접보기
3. 물류에 신간 30부 주문하기

투데이북스

03. 주간 마케팅 보고서 샘플

주간 마케팅 보고서

20XX년 7월			7월 2째주

7월 수금 목표액	주간 수금액	현재 총 수금액	수금 달성율
8,560,000	2,758,950	3,689,500	43.1%

[이번주 베스트 도서 및 순위]			

서점명	판매부수	도서명	순위
교보문고	50	출판기획 실무노트	전체 77위 / 분야 52위 / 3계단 상승
	58	출판제작 실무노트	전체 75위 / 분야 47위 / 5계단 상승
알라딘	53	출판기획 실무노트	분야 4위 / 1계단 상승
영풍문고	23	출판편집 실무노트	분야 17위 / 3계단 하락
예스24	40	출판마케팅 실무노트	전체 58위 / 분야 5위 / 1계단 상승
	50	출판제작 실무노트	전체 85위 / 분야 6위 / 2계단 하락
인터파크	22	출판기획 실무노트	분야 19위 / 3계단 상승
	25	출판디자인 실무노트	분야 17위 / 3계단 상승

도서명	매출부수	매출금액	주요거래처
출판기획 실무노트	125	1,097,500	예스24 / 알라딘
출판제작 실무노트	101	925,000	예스24 / 인터파크
출판편집 실무노트	105	889,000	교보문고
출판마케팅 실무노트	108	778,000	영풍문고
출판디자인 실무노트	110	458,900	서울문고

[이번주 마케팅 활동]
1. <신간> 배본
2. 온라인 담당자 미팅 및 상담
3. 행사 진행 및 관련 비용 정산서 작성

[다음주 마케팅 계획]
1. 기획회의 참석
2. 지방 출장 및 예상 경비 청구서 올리기
3. 박작가님 미팅 및 전달사항 전달하기

투데이북스